TOMANDO POSESIÓN

A TRAVÉS DEL PODER DE SABER Y DE EMPRENDER

Jonathan D'Oleo

TOMANDO POSESIÓN

A TRAVÉS DEL PODER DE SABER Y DE EMPRENDER

MIAMI, FL

Copyright © 2015 por Jonathan D'Oleo Puig
Reservados todos los derechos.
Prohibida la reproducción total o parcial de este libro por cualquier medio, sin el permiso previo del autor.

Impreso en Miami, FL, EUA

ISBN 978-163315639-5

*A mis padres,
German D'Oleo y Nilsa Puig,
con el mayor grado de honra,
amor e inefable admiración*

Índice

PRIMERA PARTE - SENTANDO LAS BASES	**8**
TOMANDO POSESIÓN	9
METAS CLARASS	25
SEGUNDA PARTE – ÉXITO FINANCIERO	**51**
PRINCIPIOS DE AHORRO E INVERSIÓN	52
INVERSIONISTA O CONSUMIDOR INMEDIATISTA	56
EVALUANDO RIESGOS, CONQUISTANDO SUEÑOS	59
EL INVERSIONISTA INTELIGENTE	62
FINANZAS EN CONTEXTO	65
DIVERSIFICACIÓN	68
DE LO PECUARIO A LO PECUNIARIO	72
ESCOLLOS EN LA BANCA DE INVERSIÓN DE RD	75
CICLÓN COMERCIAL NAVIDEÑO	78
TERCERA PARTE - DESARROLLO EMPRESARIAL	**81**
INTELIGENCIA EMPRESARIAL	82
EMPRENDIMIENTO CREATIVO-DESTRUCTIVO	85
METODOLOGÍA DEL EMPRENDIMIENTO	88
DESPRENDIMIENTOS	91
ANÁLISIS MARGINAL EMPRESARIAL	94
DISCIPLINA PROCESAL EMPRESARIAL	97
DINÁMICA CAUSAL EMPRESARIAL	100
SABIENDO ES QUE SE EMPRENDE	103
VALOR AGREGADO	107
PRODUCTIVIDAD	111
ECONOMÍA ORGÁNICA ADULTERADA	113
EL PODER DE NO EJERCER	116
ENGENDRO EMPRESARIAL	118
GLOCALIZACIÓN	120
VALORANDO LO INVISIBLE	122

CUESTIÓN DE PENSAMIENTOS	124
TECNOLOGÍA DEL EMPRENDIMIENTO	126
ÉTICA EMPRESARIAL	128
LA EMPRESA: ANTÍTESIS DE LA POBREZA	130
SINFONÍA EMPRESARIAL	132
JESUCRISTO, EMPRENDEDOR	134

CUARTA PARTE – DESARROLLO PERSONAL	**137**
VIVIENDO CORRECTAMENTE	138
HOMBRES DE COMPROMISO	141
PARÁMETROS RELACIONALES	145
VENTANAS POR ESPEJOS	148
LLENA EL BLANCO	151
GANADORES DE NACIMIENTO	153
SENSIBILIDADES DE VANGUARDIA	156
LOS FINES DETERMINAN LOS MEDIOS	160
PANÓPTICO QUISQUEYANO	164
BUONGIORNO DON SOBORNO	167
DE MACHO A HOMBRE	169
APUNTEMOS POR SI LAS MOSCAS	171
AMOR DE MADRE, AMOR INENARRABLE	173
CRÓNICA DE UN DOMINICANO EN TIERRA SANTA	176

QUINTA PARTE - ENTREVISTAS AL AUTOR	**181**
REVISTA EN SOCIEDAD	182
REVISTA EMPRENDEDORES	192

Primera Parte - Sentando las bases

Tomando Posesión

Una cosa es trazarse metas y otra cosa es tomar posesión de ellas

Todos queremos ser exitosos, tener buenas relaciones y dinero en el banco. De manera que "el querer" existe en todos y cada uno. Lo que diferencia a los unos de los otros es "el poder para hacer." Considere los libros en su librero que aun no ha leído. Quizás son libros de contenido excelente, fundamentales para su desarrollo personal, espiritual y profesional. A pesar de que tales libros son propiedad suya, el contenido de los mismos no le pertenece hasta que lo lea, comprenda e implemente efectivamente. En otras palabras, los libros sin leer que usted tiene en su librero son posesiones de presencia decorativa esperando ser poseídas en esencia y aprovechadas con inteligencia en la materialización de sus objetivos.

Similarmente todos tenemos metas que queremos alcanzar. Sin embargo muchas veces las tenemos como aquellos libros en una esquina cogiendo polvo. Allí están ellas como mudo testimonio de potencialidades inertes que son cual luz que yace debajo del almud de una vida que avanza silente e ineludiblemente hacia el ataúd.

Así como esos libros que no ha leído, las metas que no ha emparejado con un plan de acción para su realización son meras quimeras, tierras baldías, castillos de arena. Son, en esencia, sueños que se desvanecen cual flor que muere antes de nacer.

Cabe señalar que muchas personas descuidan sus metas no por negligencia, sino por emplear su diligencia en llenar las expectativas de los demás a expensas de sus sueños y más fervientes anhelos. También se dan casos de personas que se dejan abrumar por lo urgente a expensas de lo importante y así se les va la vida de reunión en reunión, dándole cabeza a tal o cual situación sin considerar las inclinaciones de su corazón y ejecutar su poder de decisión. Mas ha llegado la hora de ejecutar tu poder de decisión y tomar posesión de tu título de ganador justificándolo con un plan de acción que genere resultados extraordinarios.

¿Tomar posesión de título de ganador? ¿Qué significa eso? ¿Ganador de qué? Ganador de la épica carrera por la vida. Carrera que le ganaste a miles de otros que nadaban con el mismo objetivo. Quizás no te acuerdes pues eras bien pequeñito para ese entonces. Eras, de hecho, una diminuta semilla nadadora cuando saliste vencedora en aquella hazaña extraordinaria. Es imposible que te acuerdes de tal vivencia, pero existe prueba fehaciente de tu naturaleza ganadora. Mírate al espejo y verás el reflejo de un ganador de glorias y portentos pues lo hiciste: aquel día en la fecha de tu cumpleaños número cero ¡naciste! Tu certificado de nacimiento consta el lugar y fecha de tu llegada a este mundo. De manera que las preguntas de cuándo y dónde naciste están ya contestadas. La pregunta que te toca responder es la de por qué y para qué propósito tienes aliento de vida en tu pecho.

Desde el vientre de tu madre eres un ganador y tu valor como persona está intrínsecamente ligado a lo que eres en esencia y no necesariamente a lo que haces. No obstante muchas veces caemos en el error de equivaler el 'ser' con el 'hacer' así como equivalemos lo 'importante' con lo 'urgente.' Es por eso que algunas personas sienten que su vida es un fracaso cuando fracasan mientras otras se consideran invencibles cuando ganan.

Sin embargo, a final de cuentas, somos los que somos y no lo que hacemos. Por eso se nos denomina "seres humanos" y no "quehaceres humanos". Por lo tanto debemos proceder con la certeza de lo que somos (ganadores) trascendiendo la naturaleza de las realidades circunstanciales de éxito o fracaso de nuestro pasado y nuestro presente.

Algunas de las realidades que afectan nuestra persona, como nacionalidad, familia, género, son inescapables. Otras son simplemente producto de nuestras decisiones o indecisiones. En definitiva, todas y cada una de las realidades circunstanciales que conforman la vida de un individuo inciden, para bien o para mal, en su capacidad de ser feliz.

Precondiciones para la felicidad

La tenencia de vida y libertad son precondiciones fundamentales para la felicidad. Siendo estas precondiciones innatas en todo ser humano que nace, la felicidad es algo alcanzable y realizable en todo el sentido. Se podría argumentar que si bien la vida es una condición poseída por todo ser humano hasta su muerte, la libertad no está perenne y completamente presente en todas las etapas y aspectos de la vida en sí. Juan Jacobo Rousseau puntualizó hace más de dos siglos que "el hombre nace libre, pero por todos lados está encadenado". De manera que la libertad, inalienable y libremente conferida, está inevitablemente condicionada por toda una gama de circunstancias.

Ahora, más allá de toda explicación subjetiva y objetiva de la felicidad, para obtenerla el ser humano tiene que prestar atención a lo que dice la primera y última sílaba de la palabra. La primera sílaba de la palabra felicidad nos dice que tengamos fe. Siendo la fe "la certeza de lo que se espera y la convicción de lo que no se ve" tenemos en ella la capacidad de ser felices trascendiendo toda realidad palpable que nos diga lo contrario. "Dad" es la última sílaba. Siendo esta la del acento prosódico, debemos tomar su contenido como una orden "dando por gracia lo que por gracia hemos recibido". De manera que teniendo lo primero y haciendo lo último que nos indica la palabra obtendremos lo que la misma tiene que ofrecer: plena e imperecedera ¡felicidad!

Metas con propósito

Las metas que brindan plena e imperecedera felicidad son aquellas que se persiguen en función de nuestro llamado. Son aquellas que se alcanzan en el mundo material al tiempo que el que las logra materializar está aferrado a las cosas que el dinero no puede comprar y la muerte no se puede llevar. Una vida de propósito se trata precisamente de eso; se trata de perseguir objetivos más allá de nuestra individualidad sin olvidarnos de nuestra identidad creando así unidad en la diversidad de aspectos de la experiencia humana.

Más que pensar en metas que brinden felicidad lejos de la materialidad prefiero pensar en metas que sean el resultado de una condición pre-existente de felicidad en el individuo. De hecho, para que una meta pueda incidir en el nivel de felicidad de una persona la misma tiene que materializarse en efecto. Dicho esto, la felicidad que brinda una meta no puede, por definición, estar lejos de la materialidad en sí. No obstante cabe señalar que las metas alcanzadas no pueden brindar felicidad si el que las persigue no decide ser feliz previo al éxito o fracaso de su empresa por materializarlas. Entendemos, entonces, que la función de una meta en lo que tiene que ver con bienestar personal multidimensional es enriquecer una felicidad pre-existente. Es decir, si la persona que logra la meta no era feliz previo a su materialización, entonces al lograrla solo experimentará, en el mejor de los casos, un placer efímero y superficial, pero en el fondo seguirá siendo infeliz.

Definiendo términos

Cabe señalar que ser feliz tomando posesión del título de ganador al cual nos referimos anteriormente no hace al individuo un superhombre invencible así como fracasar en algo no lo hace un fracasado. De hecho, las personas que han perseguido sus sueños inflexiblemente resueltos a triunfar sobre la base de su naturaleza ganadora han fracasado mucho más que aquellos que se dejan definir por el fracaso o éxito de una empresa, la importancia o irrelevancia de su posición, o la importancia o insignificancia de su apellido.

Consideremos las hazañas de Thomas Alva Edison, Alexander Graham Bell, Martin Luther King Jr. y Nelson Mandela. Todos y cada uno de estos personajes históricos fracasaron numerosas veces en su carrera hacia el éxito y el reconocimiento público. De hecho, ellos estimaron el proceso de lograr el éxito mucho más que el éxito en sí mismo. El éxito es pues una filosofía de vida paradójica en cierto sentido ya que se construye sobre un ferviente deseo de triunfar sin temor a dar el todo por el todo y fracasar. Así es como Gilbert Chesterton define la valentía al catalogarla como una realidad virtualmente absurda en la cual el ser humano decide vivir intensamente sin temor a la muerte.

Lamentablemente el éxito y la valentía se tienden a equivaler en sentido general con la popularidad y la temeridad. Tal confusión toma lugar tan frecuentemente porque superficialmente el vicio se parece mucho a la virtud así como una persona ebria parece estar feliz cuando lo que en realidad está es enfermándose física, mental, emocional y económicamente.

Lo malo equivale a lo bueno tergiversado

Considere que el que practica lo que es malo, en efecto, busca lo bueno. Sabemos que la fama, el dinero, el placer y el poder no son cosas malas en sí mismas. Todos y cada uno de estos elementos son buenos dentro de un marco regulatorio de tiempo, espacio y cantidad que inyecte perspectiva y ecuanimidad en la naturaleza instintiva y egocéntrica del ser humano. Dicho marco debe regirse por una serie de principios que disciplinen y focalicen los instintos así como una partitura dicta la entonación correcta de la música. Pues, en efecto, como señaló alguna vez el famoso escritor británico C.S. Lewis, todas y cada una de las notas musicales (instintos) son correctas siempre y cuando se toquen en el tiempo y el modo que indica la composición (principios).

¿Y qué de la improvisación entonces? También tiene su tiempo y su lugar dentro del marco de ciertos rigores de la técnica y la musicalidad; dentro del marco de lo melódico y armonioso. De modo que, contrario a lo que muchos piensan, la habilidad de improvisar depende del esfuerzo que el individuo emplee en prepararse en la vida y del conocimiento que se tenga del arte y la ciencia del instrumento a utilizarse. Ya sea un violín o un piano; ya sea la felpa de un autor o las palabras de un orador.

Por lo tanto la temeridad y la popularidad, a final de cuentas, no se equiparan con el éxito y la valentía. El músico responsable en la preparación (no el que es simplemente excéntrico y buen mozo) es el que tiene la habilidad y la valentía de improvisar exitosamente. Ultimadamente, el éxito en el plano popular viene como resultado de trabajar arduamente en lo privado y presentarse sin tapujos en los espacios públicos, atreviéndose a ser uno mismo independientemente de lo que los demás piensen.

Es verdad que algunos llegan a ser populares haciéndose eco de los vicios y vanas apetencias de las grandes mayorías. Pero tal popularidad es relativamente de corta duración y en vez de edificar lo que hace es erosionar significativamente la calidad de vida tanto del que la cultiva como la del que la apoya. Otros crean popularidad identificándose genuinamente con las necesidades del público y ofreciendo soluciones sensibles y virtuosas, aunque a veces dolorosas, a los problemas que afectan el mejor interés del grupo que ellos representan.

Este tipo de popularidad se crea no se hace. Se crea a base de lo intrínseco y de lo nuevo construido sobre el fundamento de lo probado; a base de lo genuino que promueve el bien colectivo y no a base de lo falso que busca el respaldo popular para beneficio personal. De manera que el que se <<hace>> popular es un mero seguidor de riquezas que para avanzar su causa se hace eco de lo apetecible. Mas, el que <<crea>> popularidad es un líder que con su voz despierta la voluntad popular a un mundo de mayores y mejores oportunidades.

Una de las ilustraciones más cautivadoras de este tipo de liderazgo la vemos en el mundo de la música clásica. Es delante de la orquesta y de espaldas a la audiencia que el director musical se gana el favor del público. Dirige a sus músicos batuta en mano con una gran precisión acompañada de una evidente pasión por las melodías que corren por sus venas, alma, mente y corazón; melodías que se hacen deliciosamente audibles gracias al talento, coordinación y preparación de todo un gran equipo de artistas que interpretan la composición de lugar bajo la dirección del maestro. Y después de la gran función viene el reconocimiento, los aplausos, la audiencia se pone sobre sus pies, algunos silban y otros gritan "¡bravo!" repetidas veces. Aun pudiendo llevarse toda la gloria, el maestro reconoce a sus músicos y les ordena que se pongan de pie. El público, en respuesta, acentúa los aplausos. Eso es verdadero liderazgo.

Cuántos no se pasan toda una vida de cara al público mendigando reconocimiento. Algunos lo obtienen por una temporada hasta que viene otro y hace lo mismo más eficiente y novedosamente.

Los líderes verdaderos no son narcisistas ni esclavos de la popularidad ni mendigos de reconocimientos en la alta sociedad. El líder verdadero es, en cambio, cual director de orquesta que seguro de sí mismo se atreve a darle la espalda al público para realizar su labor con sin igual devoción.

El precio pagado y el premio obtenido

La noción de que una persona exitosa valore el esfuerzo y sacrificio realizado más que el premio obtenido como resultado puede parecer un contrasentido puro y simple. Cómo puede, por ejemplo, Nelson Mandela valorar más los veintisiete años que pasó encarcelado en una isla que los cinco años que fungió como Presidente de la República de Sudáfrica. La verdad es que sin apreciar el precio pagado es imposible valorar el premio obtenido. Muchas veces no valoramos las posesiones que tenemos simplemente porque no hemos pagado el precio por ellas. Tal cuadro circunstancial nos hace propensos a dejar que se nos vayan los años sin que tomemos posesión de nuestras posesiones y realicemos nuestros sueños en toda su plenitud.

Más vale entonces apreciar el regalo divino de la vida, el precio pagado por aquellos que nos antecedieron, el compromiso que tenemos con nuestra generación y la responsabilidad que llevamos sobre nuestros hombros de entregarles a nuestros hijos, nietos y bisnietos un mundo mejor cuando nos toque decir adiós. Hasta ese momento luchemos por tomar posesión de nuestras posesiones aferrándonos siempre a las cosas que el dinero no puede comprar y la muerte no se puede llevar.

Llevar a cabo tamaña gesta y completarla exitosamente requiere del diseño e implementación de un riguroso plan de acción. Y esto conlleva embarcar en un largo viaje introspectivo hacia el mismísimo centro de nuestro corazón: único lugar desde el cual podemos ofrecer al mundo lo mejor de nosotros. El camino que nos lleva a ese lugar esta saturado de distracciones, trampas, espejismos y circunstancias imprevistas que amenazan con arrebatarnos la esperanza de hacer nuestros sueños realidad.

Un plan de acción es fundamental para focalizar nuestra visión y potenciar nuestra misión de vida. Sin un plan el individuo meramente reacciona a las trampas, espejismos y circunstancias del camino. Con un plan el individuo se anticipa a las trampas, trasciende las circunstancias y separa lo real de lo ilusorio. Ahora bien, un plan es como un mapa que representa el territorio, pero por más actualizado y sofisticado que sea nunca reflejará fidedignamente la complejidad dinámica y multidimensional del territorio en sí.

Por lo tanto en la búsqueda del éxito y la felicidad tenemos que ser flexibles como el bambú y fuertes como el acero. Flexibles en cuanto a la adaptación de nuestras nociones, gustos y preferencias, pero fuertes e inflexibles en lo que tiene que ver con nuestros valores, principios y propósito de vida. Por ejemplo, tu conocimiento limitado del territorio te puede llevar a diseñar un plan que no contempla la posibilidad de desplazarte de un punto a otro más efectiva y expeditamente. Sin embargo, cuando llegas a un tramo específico del territorio te das cuenta de que existe un puente de soga con pisos de madera que conecta al otro lado sin necesidad de tener que tomar el camino más largo que te indica el mapa.

Decides tomar el puente, mas tras ti viene la competencia. Ya habiendo cruzado al otro lado, te sientes tentado a sacar el cuchillo y cortar la soga del puente mientras tu contrincante intenta cruzar. Pero inmediatamente, en un mismo respiro, recapacitas y decides no hacerlo. Más adelante tu oponente se convierte en tu mejor aliado y te da la mano en un momento de dificultad.

A decir verdad, en la mayoría de los casos nuestro oponente no se convertirá en nuestro mejor aliado, pero aun así vale la pena hacer lo correcto correctamente. No obstante, en ocasión de legítima defensa es menester cortar la soga y cercenar la cabeza del que intenta nuestro aliento de vida usurpar. No nos sorprendamos si el que amenaza con quebrantar nuestros sueños es un pasado de inseguridad colmado el cual hemos arrastrado a nuestro presente y el cual, a su vez, se adentra sigilosamente en nuestro futuro cual ladrón que mata, roba y destruye indiscriminadamente.

Saquemos fuerzas de flaquezas, cortémosle la cabeza a ese pasado y démosle la bienvenida a un presente sano y a un futuro de bendiciones preñado. No miremos tanto hacia atrás y a los lados. El parabrisas tiene dimensiones más grandes que el espejo retrovisor para que miremos hacia adelante la mayor parte del tiempo. Si nos fijamos completamente en el espejo retrovisor incrementaremos exponencialmente el riesgo de accidentarnos. Démosle uso a los retrovisores mirándolos de soslayo para tener una perspectiva general del entorno. Pero enfoquémonos en mirar a través del parabrisas; en dar lo mejor de nosotros en el presente sabiendo que mañana cosecharemos lo que hoy sembramos. Por lo tanto, plantemos nuestras valiosas semillas de talento en la tierra fértil de un corazón y mente supeditados a principios incorruptibles y acompañados de una valentía indestructible ante la adversidad. Así nuestra vida germinará y dará frutos al treinta, al sesenta y al ciento por uno para beneficio de todos.

A veces nuestra habilidad y voluntad de sembrar se ven afectadas por una mentalidad consumista-inmediatista que no nos permite ver más allá del aquí y el ahora. Cuando los judíos fueron emancipados de faraón y salieron camino de la Tierra Prometida llevaban consigo una serie de hábitos que desarrollaron a lo largo de sus cuatrocientos años de esclavitud. La mentalidad de ellos no era necesariamente la de inversionistas. En calidad de esclavos quizás no tuvieron el margen para tan quisiera pensar en el concepto de ahorrar e invertir. Todo lo que sabían era consumir lo poco que tenían.

Entonces al escuchar que en la Tierra Prometida fluía leche y miel en abundancia quizás los israelitas que salían de Egipto tan sólo pensaron en consumir leche y miel. Tal vez no consideraron que donde hay leche y miel también hay vacas que ordeñar y abejas capaces de picar. Con esa mentalidad consumista-inmediatista no podían conquistar y tomar posesión de la Tierra Prometida. Consecuentemente vagaron en el desierto por cuarenta años antes de conquistar el territorio prometido a sus padres. Durante ese periodo de tiempo podríamos decir que su mentalidad sufrió una metamorfosis. Pasaron de ser de esclavos a ser entes libres no nada más físicamente sino también, más importantemente, espiritual y psicológicamente.

Sin embargo, según el Pentateuco, el proceso de transformación tomó cuarenta años. Considerando que el trayecto de Egipto a Canaán es de cuarenta días por el desierto, cuarenta años vagando en ese tramo puede parecer y fue de hecho para muchos de ellos toda una vida. Hoy nosotros tenemos la gran ventaja de aprender de esta experiencia del pueblo judío y de muchos otros episodios Bíblicos e históricos de manera que no tengamos por qué ocupar toda una vida para pasar de un nivel a otro en nuestro desarrollo a causa de un escollo de carácter cosmo-visional.

A medida que crecemos también es importante proteger el progreso acumulado y no nada más preocuparse por abrazar lo nuevo. C.S. Lewis validó esa premisa cuando escribió que "una sociedad prudente sabe establecer y sostener un balance entre conservar lo que tiene y buscar aquello que no tiene." Sesenta años después de Lewis yo reitero su tesis y considero que una sociedad con dos dedos de frente no compra todo aquello que esté rotulado con la marca de progreso. Como entes inteligentes, antes de invertir y consumir debemos estudiar con entereza los datos de nutrición de lo que nos están vendiendo como helado de fresa.

El alcohol y el tabaco, por ejemplo, lo venden como felicidad, éxito y popularidad. Las vallas publicitarias enseñan al que consume tal o cual marca de bebida alcohólica o tabaco con una sonrisa a flor de piel, rodeado de bellas mujeres, viviendo una vida de clase mundial. En letras pequeñitas en una de las esquinitas inferiores de la valla puntualizan "el consumo excesivo de alcohol es perjudicial para la salud" o "fumar es perjudicial para la salud." Cabe señalar que esa puntualización la hacen por ley. La hacen por obligación y no porque realmente tengan el mejor interés del consumidor en mente.

La verdad es que la valla publicitaria proyecta una foto que sirve como carnada para que mordamos un anzuelo que, amalgamado con otros factores, causa adicción, aflicción, muerte y pobreza. La foto proyectada quizás presente al sujeto con uno que otro trago en el sistema, pero nunca lo presenta borracho dando asco. Nunca presenta una gráfica estadística que indique el número de muertes inocentes que toman lugar a causa de accidentes provocados por personas que manejan bajo la influencia del alcohol. Si, así es. Tan sólo la influencia del alcohol y no necesariamente su consumo en exceso causa distorsiones que pueden traer consecuencias catastróficas.

En fin, no debemos sucumbir a todas las oportunidades de éxito y felicidad que nos ofrezcan. Por muy bonitas que parezcan, no nos debemos dejar engatusar por la foto. En cambio, estudiemos el final de las películas que han rodado con esas fotos bonitas convenientemente colocadas en el principio del rodaje. Igualmente consideremos el final de las películas que no tuvieron fotos muy bonitas colocadas en el principio, pero que al final las gentes en la foto quedaron bien más que en sentido material, en sentido moral y espiritual. En función de eso decidamos qué hacer o no hacer; qué oportunidades perseguir y cuáles, de plano, debemos descartar. Con el conocimiento de estas verdades tenemos la potestad de emanciparnos de muchos yugos de servidumbre. Pero más allá de conocerlas, tenemos que poseerlas y operar en pro de su continua y certera ejecución.

El pueblo de Israel aún después de haber salido físicamente de la esclavitud de Egipto continuó sumido en las maneras de su antigua condición. Muchas veces estuvieron a punto de dejarse engatusar por pseudo-líderes que los invitaban a regresarse a Egipto donde el pan y el agua estaban "asegurados". Ante las vicisitudes del desierto la oferta parecía buena, pero aceptarla hubiese significado el fracaso; hubiese significado el rechazo de una oportunidad sin precedentes para galvanizar su propia identidad emparejada con la inalienable libertad y la oportunidad de perseguir sobreabundante felicidad y prosperidad.

Sepamos decirle que no a lo que parece bueno porque eso que parece bueno puede ser enemigo de lo mejor que nuestro futuro nos tiene reservado. Pongamos, entonces, nuestras manos en el arado y no miremos atrás. Nuestra Tierra Prometida nos pertenece. Está esperando que tomemos posesión de ella y la trabajemos a diario con el sudor de nuestras frentes.

Allí trabajaremos, pero también tendremos descanso de mente, cuerpo y alma; descanso que nos permitirá trabajar al máximo a medida que cultivamos todas y cada una de las áreas de nuestras vidas sistemáticamente en un círculo virtuoso de descanso-productividad-descanso. Este círculo se convertirá eventualmente en un espiral ascendente capaz de llevarnos a la cima de nuestras posibilidades. Allí en la cima no hay parabrisas ni espejos retrovisores; allí todo es perfectamente claro; allí nuestra visión abarca un radio de trescientos sesenta grados y nuestra misión imposible se hace posible, tangible y ciento por ciento visible para tomar posesión de condición nuestra congénita de éxito y de excelencia... pero para lograr esto necesitamos una estrategia. En la próxima sección compartiré contigo los lineamientos para el diseño de una estrategia eficiente, efectiva y certera.

METAS CLARASS

Metodología para el diseño y materialización de objetivos

Ha llegado la hora de dar inicio a lo que el ocio, los vicios y vanos oficios por tanto tiempo han dejado en el olvido. Ha llegado la hora de despolvar tus sueños, sacarlos de la esquina marginal, colocarlos en el centro del corazón y con esmero darles forma y dirección. En este capítulo compartiremos una metodología que lo ayudará a no nada más trazar, sino también a lograr sus metas dentro de un marco definido y funcional. La metodología se llama METAS CLARASS.

CLARASS encierra en un acrónimo los siete elementos para el desempeño óptimo en la realización de objetivos. Estos elementos establecen que nuestras metas deben ser:

- **C**oncretas
- **L**ogrables
- **A**ptitudinales/Actitudinales
- **R**esponsables
- **A**dministrables
- **S**ostenibles
- **S**habbat

El séptimo y último elemento significa descanso y constituye el núcleo de la metodología como podemos ver en el siguiente diagrama:

Shabbat es un concepto que cogemos prestado de la tradición judía. En el libro de Bereshit se relata como Dios en seis días creó los cielos, la tierra y todo lo que en ellos hay. Después de haber completado su obra, Dios la contempló y vio que era buena en gran manera. Satisfecho con la obra de sus manos, Dios resolvió descansar en el día séptimo y así mismo decidió consagrarlo y bendecirlo de forma especial.

En lo que tiene que ver con diseño y realización de metas, el descanso juega un rol de suma importancia. En CLARASS, shabbat funge como el elemento catalizador y estabilizador pues enfoca los esfuerzos del individuo en hacer trabajo dentro de un marco determinado que alinea y balancea la dinámica existencial del ser humano creando una especie de homeostasis multidimensional entre los fines, los medios y el "yo" interno. CLARASS busca eliminar la ansiedad y optimizar la efectividad con la cual las personas trabajan y descansan creando unidad en la diversidad de aspectos de la experiencia humana; conjugando lo espiritual, personal y profesional en un círculo virtuoso de descanso-productividad-descanso.

Si bien CLARASS es producto de nuestro trabajo intelectual y creativo como estudiosos de la vida, la economía, el éxito y patrones de desempeño personal y profesional, la estructura fundamental de la metodología está entretejida de modo pasivo en todos y cada uno de nosotros. Es decir, todos necesitamos descansar efectivamente para poder trabajar efectivamente. Naturalmente descansar efectiva y sanamente implica involucrarse en actividades recreativas que edifiquen y no en aquellas que en esencia erosionan las virtudes del ser humano. Lamentablemente la sociedad de hoy día está saturada de vicios disfrazados de pasatiempos recreativos y oportunidades lucrativas que, en efecto, deterioran nuestras aptitudes mentales, emocionales y espirituales al tiempo que nublan nuestra visión y comprometen nuestra capacidad de trazar claramente y lograr exitosamente metas que agreguen valor a nuestras vidas y a la vida de nuestros semejantes.

Durante mis años universitarios en la ciudad de Boston en Estados Unidos de Norteamérica siempre observé con interés el comportamiento del estudiantado en actividades curriculares y encuentros sociales. Curiosamente la personalidad y modo de interactuar de muchos variaba marcadamente en el plano social, especialmente después de haberse descargado unas cuantas botellas de cerveza en el sistema. Los introvertidos a la luz del día eran los más extrovertidos al caer la noche. Hacían cosas que en su sano juicio nunca hubiesen contemplado. Lamentablemente después de acostumbrarse a la rutina hedónica el juicio de las personas parece nublarse de manera permanente y hacen cosas cuasi inimaginables a plena luz del día. Por nombrar uno de tantos casos, una joven brillante, estudiante de primer año salió embarazada de su novio. La criatura se engendró en horas de la noche; se abortó a plena luz del día en una clínica de la vecindad.

En el ámbito laboral, como empresario y asesor financiero en la ciudad de Miami en el estado de la Florida, conocí a innumerables profesionales que a pesar de ganar un salario de seis cifras no tenían dinero para invertir. Estos profesionales trabajaban arduamente durante las horas del día, pero utilizaban su tiempo de descanso deficientemente al caer la noche, al ir de compras los fines de semana y durante las vacaciones. Despilfarraban su dinero a diestra y a siniestra comprando cosas que no necesitaban con el solo objeto de causar una impresión y recibir la adulación del público y su círculo íntimo de "amigos". Muchas veces los vi utilizar su salario de seis cifras para mudarse en un apartamento lujoso de siete cifras pagando una mensualidad de cinco cifras al tiempo que financiaban su estilo de vida con tarjetas de crédito.

A medida que ayudaba a estas personas a poner su vida financiera en orden se me hacía difícil crearles un hábito de disciplina en el gasto pues la mayoría de ellos eran compradores impulsivos. Eran personas extremadamente talentosas para hacer dinero, pero sin un ápice de conocimiento sobre cómo manejarlo sabiamente. Al recibir un aumento en sus salarios y otras entradas pecuniarias este grupo de clientes aumentaba su nivel de consumo en vez de incrementar su nivel de ahorro e inversión. Al entrevistarlos y asesorarlos descubrí que la raíz del problema estaba en su percepción mental de las cosas. Un aumento en el flujo de dinero era visualizado por ellos como un aumento en su capacidad de consumo y no como un aumento en su capacidad de inversión y expansión empresarial. Por otro lado tenía un grupo de clientes que a pesar de ganar salarios de cinco cifras invertían y ahorraban más dinero en términos porcentuales pues consumían menos en términos absolutos y tenían un estilo de mi vida más frugal en sentido general. Estos inversionistas entendían que lo importante no es cuanto dinero uno gana, sino con cuanto dinero uno se queda a final de cuentas.

Finalmente en mi cartera de clientes existían unas cuantas personas que producían sumas de siete cifras anualmente, pero lo hacían a expensas de aquellas preciadas cosas que el dinero no puede comprar y que la muerte se lleva en un abrir y cerrar de ojos. Irónica realidad la que enfrentan personas acaudaladas que llevan en sus miembros una enfermedad que el dinero no pueda sanar y un desbarajuste familiar que el poder político-económico no puede estabilizar. Todo por abordar la vida envueltos en un individualismo recalcitrante sin una perspectiva clara de lo importante y con una visión desbalanceada y desordenada de lo que significa triunfar.

Y qué es, entonces, el verdadero triunfo. Según la última estrofa de una canción que me cantaba mi padre cuando era niño "el triunfo significa que domine el bien, que los hombres se amen y que la verdad reine en las conciencias siendo su sostén... y ha de ser si ayudas una realidad"

CLARASS es una herramienta diseñada precisamente para ayudar a hacer realidad ese concepto del triunfo y del éxito. CLARASS nos permite darle carácter proactivo y contextualizado a nuestro modo de vivir de manera que mantengamos el mismo al margen de los vicios disfrazados de pasatiempos recreativos y oportunidades lucrativas que son en esencia destructivas. Una vez puesto en cuarentena ante lo que adultera, contamina y distorsiona, nuestro modo de vivir puede girar saludablemente en torno al elemento central de descanso utilizando el mismo como eje, motor e incentivo a través de nuestro desarrollo personal, espiritual, familiar y profesional.

En CLARASS existen seis palabras o elementos claves que giran en torno al elemento central de descanso y describen junto a él la palabra 'METAS' que se encuentra en la periferia hexagonal del diagrama. Estos seis principios claves deben ser implementados fidedigna y sistemáticamente en el diseño y materialización de objetivos a corto, mediano y largo plazo.

Nuestras metas deben ser concretas

El primer elemento de CLARASS nos dice que nuestras metas deben ser concretas. Al considerar este elemento el individuo debe preguntarse qué es precisamente lo que quiere lograr. Dimensión, color, peso, precio, espesor, tiempo, espacio, materia, posición, composición, industria, y mercado. Definamos nuestras metas con el mayor grado de especificidad posible. Dibujémoslas en el ojo de nuestra mente cual artista pinta sobre el lienzo su imaginación. Los sueños que meramente se sueñan y de vez en cuando se comentan son como palabras que se las lleva el viento. Por otro lado, los objetivos personales y profesionales que se trazan concretamente y se persiguen inteligentemente se convierten en realidades palpables y admirables. De manera que es preciso que visualicemos nuestras metas a través del ojo de nuestra mente que hace visible lo invisible. Con metas definidas concretamente podemos articular con autoridad nuestra voz interior que llama las cosas que no son como si fuesen y a lo imposible llama posible.

Consideremos que las cosas que se imaginan se visualizan en el ojo de la mente y no se corresponden, a priori, con el mundo de lo posible. Entonces para que lo imposible se haga posible tiene que posibilitarse primero en la mente de un emprendedor con una visión de futuro que se profundiza sobre la base de principios que emanan del Eterno Presente que es también, a su vez, Omnisciente, Omnipresente y Omnipotente. Por eso Albert Einstein dijo en una ocasión que "la imaginación es más importante que el conocimiento" pues el conocimiento muchas veces sólo nos permite conocer lo que ya se conoce y no lo que aun se desconoce.

En filosofía existen dos preguntas fundamentales del conocimiento y esas son ¿qué? y ¿cómo? La ontología es la rama que se ocupa de estudiar la naturaleza del "qué". El "cómo", por su parte, atañe a la rama de la filosofía denominada epistemología. En lo que tiene que ver con establecer y perseguir metas concretas es preciso que entendamos la relación indisoluble entre estas dos interrogantes. Básicamente dicha relación se desarrolla sobre la tesis "el fin determina los medios." En otras palabras, el "qué" determina el "cómo."

Aquello que queremos lograr determina cómo hemos de lograrlo. Si queremos llegar al espacio no lo podemos hacer en una bicicleta, necesitamos un transbordador. Si queremos amplificar nuestra voz el medio para hacerlo no es un par de audífonos, sino un micrófono conectado a una o varias bocinas. Si nuestro objetivo es entender al Dios infinito, no lo podemos lograr a través de lo finito, sino a través de lo infinito.

Puede que lo que actualmente conozcamos sobre nuestra persona y nuestras circunstancias nos desanime en nuestra empresa por lograr el éxito multidimensional. Si tal es el caso debemos ver más allá de lo que nos permite ver nuestra vista de ojos. Visualicémonos como ganadores pues lo somos desde el principio cuando nacimos. Permitamos de una vez y por todas que ese ganador se manifieste. Pero que se manifieste todos los días y no esporádicamente pues, como escribió Dale Carnegie, "la constancia es el comprobante de la firmeza de una resolución."

Don Quijote de la Mancha le dijo a un Sancho Panza frustrado y quejicoso "calla, calla y ten paciencia que día vendrá cuando veas por tu vista de ojos cuan honrosa cosa es andar en este ejercicio." De ese mismo modo debemos auto-corregirnos cuando somos tentados a hablar en contra de la visión del ojo de nuestra mente que augura éxitos en todos los menesteres. A la hora de articular nuestras metas concretamente debemos supeditarnos a un régimen dietético de palabras donde solo profiramos aquellas que se correspondan con nuestra misión y visión de vida de excelencia. Abstengámonos totalmente de proferir cosas que vayan en detrimento de lo que queremos materializar. La palabras pesan. Hagamos que pesen a nuestro favor.

Mientras diseñamos nuestro plan de vida también consideremos que nuestras metas deben definirse dentro del marco de lo flexible como el bambú y fuerte como el acero. Más que con meros adverbios y adjetivos, la descripción de nuestras metas debe reflejar la imagen y semejanza de lo que somos y de lo que nos mueve. Por ejemplo, querer escalar la montaña Everest carece de significado concreto para nuestro desarrollo personal, si el objeto de lograrlo es simplemente impresionar a los demás. Entrenamos unos meses, escalamos la montaña, nos aplauden hoy, nos olvidan mañana y en nuestras entrañas nos sentimos vacíos. Sin embargo, si el objeto de escalar la montaña es superarnos física, mental y espiritualmente entonces aun no la escalemos en el primer, segundo o tercer intento, nos sentiremos preñados de propósito. Después de cada intento le diremos a la montaña "tu te quedas aquí estática del mismo tamaño. Nosotros, en cambio, continuamos con nuestra vida dinámica. Descansaremos, entrenaremos y mañana regresaremos más fuertes que hoy; regresaremos fuertes como el acero a escalarte y a conquistarte de una vez y por todas."

Finalmente la escalamos y como el propósito de lograr aquella meta era superarnos en la multidimensionalidad de nuestra persona, nos reafirmamos en nuestra visión y continuamos luchando con la ambición de seguir subiendo peldaños y divisar nuevos horizontes. Mostrémonos razonables y flexibles a través de la aventura. Si vivimos en República Dominicana comencemos por escalar el Pico Duarte hasta que acumulemos la experiencia y recursos necesarios para llegar a los Himalayas.

Consideremos que el concreto está hecho de arena, agua y cemento. Estos elementos no se unen por arte de magia. Requieren del esfuerzo y visión de un emprendedor dispuesto a mezclar y compactar sus fuerzas para edificar bloque por bloque el atraviesacielos de sus sueños. Así es, el atraviesacielos de nuestros sueños y no un mero rascacielos. Pues, a decir verdad, ya estamos cansados de meramente rascar. Queremos atravesar fronteras, posibilidades y diferencias sobre el fundamento de una visión clara, concreta y verdadera de quienes somos, cuanto valemos y hacia donde vamos.

Ahora, podemos decidir o no decidir mezclar los elementos necesarios para materializar el éxito en nuestras vidas. Verdaderamente es más fácil enterrarse en la arena, jugar en el agua y oler el cemento, pero eso no lleva a nada bueno. Los elementos en su individualidad y monotonismo no sirven para mucho. A quién le gusta comer huevos crudos, empalagarse con azúcar y matar el hambre comiendo polvo de harina. Quizás a unos pocos o a unos muchos. En lo particular, a mi me gusta seguir las instrucciones en el libro de recetas, mezclar los ingredientes, entrar la mezcla en el horno y a la hora indicada comerme el bizcocho dulce y esponjoso. Mezclemos, pues, los ingredientes que darán lugar a un producto de vida excelente tanto en presencia como en esencia.

Nuestras metas deben ser logrables

El segundo elemento de CLARASS nos indica que nuestras metas deben ser logrables. Definir metas de tal modo no quiere decir que debemos limitar nuestra frontera de posibilidades. Al contrario, el elemento *lograble* está diseñado para enfocar nuestras metas en dirección de nuestras fortalezas. Por ejemplo, si usted es cantante y tiene treinta y cinco años de edad es más lograble que se posicione entre los diez mejores artistas en su género musical en los próximos diez años que se convierta en un astronauta en los próximos veinticinco años.

Al evaluar la lograbilidad de una meta, los factores tiempo, espacio, talento y preparación son de fundamental importancia. El uso eficiente y efectivo de estos elementos aprovecha al máximo la capacidad productiva de nuestra frontera de posibilidades al tiempo que la expande sobre la base del intercambio y la conjugación estratégica de nuestros recursos.

En ciencias económicas la frontera de posibilidades de un individuo o entidad es un segmento cuyos extremos tocan los rayos de un ángulo recto. El rayo vertical y horizontal del ángulo representan los bienes o servicios que la entidad puede producir. Para ilustrar el concepto supongamos que uno de los rayos representa unidades de pan mientras el otro representa litros de leche. Las unidades y litros que los rayos representan tienen un punto de inicio, pero no tienen punto final y se estiran imaginariamente hacia el infinito. Los límites, como ya mencionamos, son determinados por la frontera de posibilidades. De manera que cuando sobreponemos la frontera de posibilidades en el ángulo recto que representa los litros de leche y las unidades de pan formamos un triángulo rectángulo. Los catetos de dicho triángulo son usualmente desiguales en tamaño lo que quiere decir que el individuo o entidad tiene una mayor posibilidad de producción en uno de los bienes.

Digamos que el factor (o unidad de insumo) empleado en la producción de ambos bienes esta denominado simplemente como 'trabajo por hora' y el número de horas de una jornada laboral equivale a diez. Supongamos también que nuestra frontera de posibilidades nos indica que nuestra producción máxima de pan es de 100 unidades y nuestra producción máxima de leche es de 50 litros. Esto quiere decir que tenemos la capacidad de producir 10 unidades de pan ó 5 litros de leche por hora de trabajo considerando que la jornada laboral es de diez horas. La pendiente de la hipotenusa equivale a 2 y la misma resulta de las 100 unidades de pan sobre los 50 litros de leche y representa el costo de oportunidad[1] entre los bienes. De manera que por cada litro de leche que producimos dejamos de producir dos unidades de pan. A final de cuentas tenemos que decidir cuánto pan y cuánta leche queremos producir dentro del marco de nuestros recursos (10 horas de trabajo al día). Podemos elegir el punto medio y producir 50 unidades de pan y 25 litros de leche.

---

[1] En economía, el costo de oportunidad se refiere al costo de la utilización de capital, tierra y/o trabajo en la actividad que se realiza en relación al valor de la actividad que no se realiza.

Ese escenario, sin embargo, compromete nuestra ventaja competitiva en la producción de pan. No obstante ante esta realidad tenemos una muy buena noticia. Existe otra entidad que produce pan y leche, pero, a diferencia de nosotros, tiene un aparato productivo más eficiente en la producción de leche mientas nosotros tenemos un aparato más eficiente en la producción de pan. Sobre la base del intercambio podemos *especializarnos* en un sólo producto e incrementar no nada más nuestra capacidad de producción, sino también nuestra capacidad de consumo.

Aun en el hipotético caso de que nosotros como entidad tengamos una ventaja absoluta en la producción de pan y leche podríamos todavía expandir nuestra posibilidad de consumo y producción si existe una ventaja comparativa entre nosotros y otra entidad 'x'. Me explico, supongamos que nuestra frontera de posibilidades nos indica que nuestra producción máxima de pan es de 200 unidades y nuestra producción máxima de leche es de 200 litros. Por otro lado, la frontera de posibilidades de nuestro potencial socio comercial indica que su producción máxima de pan es de 50 unidades mientras que su producción máxima de leche es de 100 litros.

Considerando que ambas entidades operan dentro de una jornada laboral de 10 horas resolvemos que el costo de oportunidad de producir un litro de leche en nuestra entidad equivale a dejar de producir una unidad de pan. En cambio para nuestro potencial socio comercial el costo de oportunidad de producir un litro de leche equivale a dejar de producir ½ unidad de pan. De manera que a nuestro potencial socio comercial le sale más barato producir leche en términos relativos ya que a nosotros la producción de cada litro de leche nos cuesta una unidad de pan mientras a ellos les cuesta solo ½ unidad. Nuestro potencial socio comercial, entonces, tiene una ventaja comparativa en la producción de leche. Similarmente nosotros tenemos una ventaja comparativa en la producción de pan y una ventaja absoluta en la producción de ambos rubros. El intercambio comercial entraría en efecto sobre la base de las mencionadas ventajas comparativas y, como resultado, ambas entidades experimentarían un beneficio neto en su capacidad de consumo y producción.

Esta ilustración conceptual que hemos desarrollado utilizando principios económicos articulados por los economistas Adam Smith y David Ricardo sirve como referencia para el buen manejo de nuestros recursos y capacidades. Como hemos explicado, la identificación de ventajas absolutas y comparativas es esencial para la optimización de nuestro desempeño y nuestra capacidad de materializar la plenitud de nuestras posibilidades que, por definición operan dentro del marco de lo *lograble*.

Nuestras metas deben estar preñadas de aptitud y actitud

Las metas que se persiguen de acuerdo a las fortalezas de quien las persigue atraen como imán oportunidades que potencian las actividades del emprendedor hacia éxitos rotundos. Por esa razón nuestras metas deben perseguirse en función de nuestras aptitudes. Para poder hacer esto es menester identificar las actividades en las cuales nos podemos desempeñar competentemente con el potencial de hacerlo excelentemente dentro de un marco de tiempo y espacio determinado.

Una vez identificado nuestro campo de aptitud debemos pasar a demarcarlo y trazar objetivos definidos dentro del mismo. Invariablemente siempre habrán metas que queremos lograr que escapan el marco de nuestras aptitudes. Esto no significa que debemos abandonar esas metas, sino que las debemos perseguir sobre la base de alianzas estratégicas y sinergéticas que posibiliten su materialización. No obstante, es recomendable perseguir primero aquellas metas que se correspondan con aptitudes que estén mayoritariamente bajo nuestro control para evitar que un tercero eche a perder nuestro preciado esfuerzo.

El riesgo de pérdida se reduce considerablemente si el tercero trabaja para usted y funge en sus labores bajo un contrato de trabajo que defina claramente los parámetros de sus funciones especialmente en lo que tiene que ver con expectativas de producción y protección de propiedad intelectual. Si el tercero es una entidad foránea a la suya y laboran juntos en calidad de socios es preferible que tenga usted control mayoritario directo o indirecto de las aptitudes necesarias para materializar el proyecto.

Cabe señalar que la aptitud debe ser aprovechada con una buena actitud para que su uso resulte en desempeño óptimo. Consideremos que aptitud significa apto para realizar una actividad determinada. La actitud, por su parte, atañe a la disposición o indisposición del individuo a dar el máximo en pro de la realización de determinada actividad. Entonces una persona con la aptitud y la actitud correcta actúa exitosa y apasionadamente en función de lograr sus metas. En última instancia, es preciso reiterar que las metas de un emprendedor deben corresponderse con sus aptitudes tanto a nivel individual como a nivel corporativo.

Una buena actitud lubrica las coyunturas mentales, espirituales, físicas y relacionales del emprendedor. Sabiendo que la resistencia es parte integral del proceso de crecimiento, debemos anticiparnos a ella y sobrellevarla con una actitud de campeones.

Los mejores peleadores de boxeo son los que van la distancia con sus contrincantes más feroces. Ellos son los que no se quebrantan, sino que pelean hasta el último round. Ellos son los que embisten efectivamente y a la vez resisten la embestida del oponente más de lo que el oponente resiste la embestida de ellos. A final de cuentas el cinturón de campeón se lo lleva el que esté más dispuesto a pagar el precio para obtener el premio. Y la disposición del corazón tiene asiento en la voluntad la cual, a su vez, se alimenta de la actitud con la cual abordamos la vida.

Nuestras metas deben ser responsables

Tanto nuestras metas como los medios utilizados para su realización deben responder a una serie de principios éticos y morales. Esto es lo que significa trazarse metas responsables.

En la búsqueda del éxito y la felicidad no nos ensuciemos las manos inmiscuyéndonos en lo indebido. Los logros alcanzados por medios deshonestos ultimadamente, más temprano que tarde en la mayoría de los casos, destruyen a quien inicialmente benefician. Mantengámonos al margen de buscar tales logros supeditando nuestras metas a principios incorruptibles al tiempo que echamos a un lado, de una vez y por todas, la idea de perseguir el poder, el placer y la popularidad como fin a toda costa.

En su discurso titulado "Yo tengo un sueño" Martin Luther King Jr. dijo:

"En la búsqueda de nuestra libertad no debemos ser hallados culpables de actos indebidos; no debemos tomar del cáliz del odio y de la amargura para satisfacer nuestra sed de justicia y libertad."

La estrategia empleada por Martin Luther King Jr. en la búsqueda de la igualdad para la comunidad afroamericana en Estados Unidos fue la de la no-violencia. Ante esto las autoridades no sabían qué hacer. Negros fueron encarcelados, linchados, azotados y privados de un sin número de derechos civiles. Bajo el liderazgo de Luther King en los años 50 y 60 la comunidad afroamericana protestó pacíficamente. Toda una coalición de personas negras, blancas, ricas y pobres hicieron causa común en torno a la protesta por medio de la no-violencia. Como resultado, las escuelas fueron desagregadas y fue abolida la discriminación en el sistema de transporte público, lugares de trabajo y universidades. También las urnas electorales a nivel local, estatal y federal permitieron el voto negro. En el año 2008, de hecho, el pueblo estadounidense eligió por primera vez a un afroamericano como presidente de la nación.

Si bien la no-violencia promovida por Martin Luther King no fue recibida con beneplácito por ciertos sectores de la comunidad negra, la misma generó resultados a final de cuentas. La meta del movimiento de derechos civiles en los Estados Unidos era igualdad para todos. Luther King diseñó medios que se correspondían con ese fin en espíritu y en verdad. El resolvió no matar, no robar, no odiar y no dividir en nombre de la libertad. Pagó el más alto precio por sus principios el 4 de abril de 1968 cuando fue asesinado en Memphis, Tennessee. Hoy los resultados de su sacrificio hablan por sí solos.

La tesis fundamental del elemento *responsable* en CLARASS es que el fin determina los medios. En el siglo XVI Nicolás Maquiavelo propuso que el fin justifica los medios. En estás líneas modificamos esa premisa y establecemos que los medios deben corresponderse con el fin en espíritu y en verdad. Si buscamos un destino de felicidad, prosperidad y justicia entonces los medios no deben causar infelicidad, pobreza o injusticia en lo que atañe a nuestras vidas y la vida de nuestros semejantes.

Ser responsable, en efecto, significa tener la capacidad de responder ética, moral y profesionalmente a las diferentes oportunidades y dificultades que se nos presentan en el camino. En vez de simplemente reaccionar a un estímulo, debemos decidir cómo responder a ellos. Esto se logra solamente cuando supeditamos los instintos a un núcleo de principios que se correspondan con la verdad, la justicia y la piedad. Todos llevamos en nuestros miembros los instintos de poder, placer y dinero. Estos instintos no son malos en sí mismos, pero tienen que ser regulados por una serie de principios que los pongan en perspectiva en cuanto a tiempo, lugar y cantidad.

Cuando empleamos los instintos en el tiempo, lugar y cantidad equivocada eventualmente salimos perdiendo. Es indiscutible que si le damos rienda suelta a nuestra naturaleza instintiva terminaremos siendo víctimas de ella. En cambio si la controlamos y focalizamos a través de principios saldremos victoriosos en la búsqueda de poder, placer y dinero.

La responsabilidad se origina y se cultiva a partir de nuestro modo de pensar. Aquí aplica la ley de siembra y cosecha. Siembra un pensamiento, cosecha una acción; siembra una acción, cosecha un hábito; siembra un hábito, cosecha un carácter; siembra un carácter, cosecha un destino . . . y no un desatino. Con este fin, pensemos correctamente no sea que nuestro destino se constituya en una trago desatinado, amargo, tósigo y mortal.

Nuestras metas deben ser administrables

El quinto elemento de CLARASS nos indica que nuestras metas deben ser administrables. Esta característica se podría catalogar como la quintaesencia logística de la metodología pues lo que no se bien-administra simplemente se desperdicia. Como economista y empresario he observado que uno de los medios más efectivos de administrar es a través de la ejecución de procesos operacionales predeterminados emparejados con un sistema de medición de desempeño por medio de indicadores que evalúen objetivamente la productividad del emprendedor.

Fijémonos en que el enfoque debe ser en medir productividad y no meramente en monitorear actividades realizadas. Para entender la diferencia es preciso definir los conceptos. Se entiende por productividad los resultados obtenidos por unidad de insumo o factor de producción empleado en la realización de nuestras metas.

El factor de producción puede ser tiempo, espacio, dinero y/o capital humano. A diferencia de la dinámica funcional empleada en la medición de productividad, la medición de 'x' o 'y' actividad se hace de manera mecánica pues en ella se considera solamente el desempeño de los factores de producción sin considerar la efectividad de estos en la generación de resultados concretos. Por ejemplo, si el objeto de su trabajo es vender no enfoque sus esfuerzos en empujar papel. Haga contacto con prospectos, reúnase con clientes, estudie su producto, edúquese en la ciencia y el arte de las relaciones humanas, pero no realice actividades por el solo hecho de mantenerse ocupado.

En otras palabras, de nada vale hacer algo excelentemente bien, si ese algo no repercute positivamente en aquello que queremos lograr. Puede que estemos corriendo enfocada y rápidamente. Sin embargo, nuestros grandioso talento y preciado esfuerzo se echarán a perder si corremos en la dirección incorrecta. Por lo tanto, a la hora de administrar nuestros recursos de tiempo, espacio y talento no confundamos actividad con productividad pues técnica y efectivamente pueden ser cosas totalmente diferentes que, a final de cuentas, llevan a resultados diametralmente opuestos.

No nos preocupemos, entonces, por aquello que está fuera de nuestro control. Ocupémonos en aquello que podemos controlar y eventualmente lo demás que está en nuestro radar de preocupación se pondrá en su lugar a medida que trabajamos con nuestro motor a todo dar. Si nos preocupamos, entonces no podremos entrar a un mayor nivel de control y podríamos, incluso, correr el riesgo de perder el control que actualmente poseemos.

Nuestras metas deben ser sostenibles

La sexta característica de nuestra metodología nos indica que nuestras metas deben tener carácter sostenible. Muchas veces nos embullamos cuando notamos cierto progreso en la materialización de nuestras metas. A veces, de hecho, descubrimos que existen modos y maneras de progresar hacia nuestro objetivo más expeditamente. Por ejemplo, por años los gobiernos de países en vías de desarrollo han atenuado sus estándares laborales y medio-ambientales como modo de atraer inversión extranjera directa. Como resultado la economía de dichos países ha experimentado crecimiento, pero el mismo se ha visto comprometido por la erosión del medio ambiente y el estancamiento productivo de su capital humano.

De manera que si bien la medida utilizada por dichos gobiernos genera crecimiento, la misma no es capaz de garantizar su sostenibilidad a través del tiempo. Esto compromete el objetivo primordial del Estado que es lograr el nivel de país desarrollado. Si no ponemos especial cuidado lo mismo puede suceder con nuestras metas pues lo apetecible en el corto plazo casi nunca es sostenible en el largo plazo. Tengamos la fuerza de voluntad para descartar la ruta fácil de crecimiento limitado y escojamos el camino accidentado que genera crecimiento paulatino en unas etapas, expedito en otras, pero sobretodo sostenido e ilimitado a través de los tiempos.

Shabbat

Difícil es pagar el precio y hacer el esfuerzo de trazarse metas CLARASS. Sin embargo, el proceso se torna llevadero cuando ponemos el séptimo elemento de descanso en ejecución al tiempo que aplicamos los demás componentes con apresto y sin pretextos.

El séptimo elemento de la metodología establece que para desempeñarnos óptimamente tenemos que descansar apropiadamente. La metodología denomina el descanso con la palabra hebrea *shabbat*. Este tipo de descanso se practica no solamente cuando estamos cansados, sino también para considerar la obra de nuestras manos y buscar modos y maneras de perfeccionarla. En el libro de Génesis leemos que Dios descansó no porque estaba cansado, sino porque vio que la obra de sus manos era perfecta y decidió conmemorarla santificando el séptimo día designándolo como día de descanso.

Según el libro de Génesis, en el principio todo estaba desordenado y vacío. El orden fue establecido a través de la separación. Dios separó las aguas de las aguas y la luz de las tinieblas. De modo que si hemos de practicar este tipo de descanso debemos santificar nuestro tiempo de reposo apartándolo para galvanizar nuestro nexo con Dios y nuestros semejantes al tiempo que consideramos nuestro propósito de vida y cómo este se corresponde con nuestras actividades cotidianas. A medida que hacemos esto debemos tener bien presente que el descanso fue hecho para el hombre y no el hombre para el descanso así como el poder, el placer y el dinero son medios y no fines en sí mismos.

La cultura popular y corporativa del siglo XXI parece haber monopolizado nuestro tiempo de trabajo y de descanso. Para cada segundo de nuestra existencia existen miles de horas de trabajo y entretenimiento disponibles para distraernos y sacarnos de nuestro propósito. Lamentablemente la mayoría de la gente cae en la trampa de comprometer su llamado al permitir que terceros escriban su libreto. Si dejamos que terceros decidan por nosotros nuestro destino no será más que un triste desatino. No esperemos un golpe repentino para despertar a esta realidad irrebatible. Decidamos tomar las riendas de nuestro poder de voluntad y emprendamos vuelos en los etéreos cielos que hacen de nuestros sueños una palpable realidad. Cuando aterricemos al final de nuestras vidas no nos arrepentiremos de haber ejecutado nuestro poder de decisión. Así que decidamos hoy mismo. Optemos ser la mejor versión de nosotros. No comparemos. No compitamos. Seamos.

¿Tenemos nuestra vida en desorden en esta hora? Pongamos cada cosa en su lugar y descansemos. El descanso introspectivo nos permitirá ordenar nuestros pensamientos de modo que podamos aprovechar la plenitud de nuestro potencial. Cabe señalar que este ejercicio implica separación y compartimentalización principalmente a nivel mental y relacional ya que el desorden viene como resultado de relaciones, pensamientos y comportamientos que no están en sintonía con nuestro propósito de vida. Así que separémonos de ese pasado de inseguridad colmado. Separémonos de ese delirio de grandeza, complejo o frustración que nos cohíbe de crecer y ser todo lo que podemos ser. Consideremos las relaciones que adulteran nuestro propósito. Enmendémoslas o simplemente cercenémoslas.

De más está puntualizar que ciertas relaciones son indisolubles por diseño. A estas brindémosle especial atención de modo que no se desvíen del camino al bienestar multidimensional tanto a nivel individual como corporativo. Y es precisamente la puesta en practica del *shabbat* o descanso introspectivo que nos permite lubricar y madurar nuestras relaciones interpersonales. El descanso nos permite crear conciencia sobre las palabras, acciones y motivaciones que marcan la diferencia entre lo meramente competente y lo verdaderamente excelente.

Está probado científicamente que aproximadamente veinte por ciento de las actividades realizadas por un individuo generan el ochenta por ciento de los resultados que este busca materializar. Entonces por qué es que el individuo muchas veces quiere hacerlo todo si es relativamente poco lo que genera las mejores rentas a final de cuentas. La respuesta a esta interrogante es pura y simple. Mucha gente vive la mayor parte de su vida sin identificar lo poco que genera lo mucho. Debido al mucho tiempo que invierten en trabajo y entretenimiento no pueden sacar un poco de espacio en su día para estudiar lo poquito que genera lo muchísimo. Como consecuencia abarcan mucho, aprietan poco y al final se les suelta todo.

Por tanto identifiquemos la tajada del pastel que sabe más dulce. Hagámoslo más temprano que tarde no sea que la parte más amarga nos termine sabiendo dulce pues, como bien escribió el sabio Rey Salomón en el libro de Proverbios, "para aquel que no ha probado la miel todo lo amargo le sabe dulce". Para identificar la mejor tajada del pastel tenemos que estar dispuestos a tomarnos el trago amargo de decirle que no a lo bueno y a lo mejor. Así y sólo así podremos decirle que sí a lo mejor de lo mejor que es el 20 por ciento que genera el 80 por ciento. Ese "mejor de lo mejor" es lo que va más allá de lo meramente competente a lo verdaderamente excelente.

Para decidir en función de ese veinte por ciento tenemos que estar descansados mental, espiritual y físicamente. Cansados y frustrados con la cabeza caliente las gentes les dicen que sí no nada más a lo bueno a expensas de lo mejor, sino también a lo malo que parece dulce a flor de piel pero en sus adentros es amargo como la hiel.

Con nuestras metas bien CLARASS, articuladas de manera Concreta y Lograble, perseguidas Aptitudinalmente y Responsablemente al tiempo que bien-Administramos nuestros recursos Sosteniblemente a medida que descansamos (Shabbat) intencional e inteligentemente materializaremos lo excelente que tenemos en nuestro haber materializar.

En síntesis CLARASS es una herramienta diseñada para ayudarnos a poner nuestra vida en perspectiva al tiempo que damos el todo por el todo para hacer nuestros sueños realidad teniendo en cuenta que los medios son tan importantes como el fin y que el trabajo digno se honra y justifica con el descanso que edifica y revitaliza nuestras fuerzas. Lo invito, pues, amigo lector, a que acepte el reto de perseguir sus metas utilizando este mapa como guía. Si lo hace disciplinada y sistemáticamente le garantizo logros que superarán su frontera de posibilidades.

A medida que logra el éxito en las diferentes áreas de su vida es preciso que dé por gracia lo que por gracia ha recibido aferrándose siempre a las cosas que el dinero no puede comprar y la muerte no se puede llevar. Prepárese para ser bendecido y ser canal de bendición para la presente y subsiguiente generación.

Segunda Parte – Éxito Financiero

Principios de ahorro e inversión

Ahorrar e invertir son hábitos que se cultivan a partir del modo de pensar. Al recibir un aumento de sueldo muchos tienden a pensar en qué se pueden comprar con el dinero adicional. Otros, más astutos, saben que lo que no se bien-administra simplemente se desperdicia y entonces ahorran e invierten sus dineros discrecionales en vez de gastarlos en cosas vanas y temporales.

Por dinero discrecional me refiero a la cantidad de recursos disponibles que una persona tiene después de cubrir sus gastos fijos. Es recomendable que cada persona tenga por lo menos seis meses equivalentes a sus gastos fijos mensuales depositados en una cuenta corriente o de ahorros.

Supongamos que sus gastos fijos mensuales son de $50,000.00. En tal caso debería tener por lo menos $300,000.00 en una cuenta bancaria denominada "fondo de emergencia." Esto quiere decir que esos dineros serán utilizados solamente en la eventualidad de una emergencia como un accidente, enfermedad o pérdida de empleo. Cabe señalar que el último "can" o grito de la moda no representa una emergencia financiera aunque grite, brinque y pataleé a cado rato en la radio y en la tele.

Los recursos que excedan el balance mínimo del fondo de emergencia son los que podemos invertir en diferentes instrumentos como bonos, acciones o propiedades inmobiliarias. Desconocedores de este principio invierten o simplemente gastan la totalidad de sus dineros discrecionales y en la eventualidad de una emergencia se ven desprovistos de capital en efectivo. En tales casos muchos terminan obligados a vender sus inversiones muy por debajo de su valor y a tomar préstamos con altas (y muchas veces injustificables) tasas de interés.

Acuérdese que hacer una inversión equivale a sembrar una semilla. Los mercados son volátiles en el corto plazo. El rumor de crisis y guerra no debe llevarlo a desenterrar su semilla en lo que dicen berenjena. ¿O acaso se tira usted del avión cuando el piloto anuncia que habrá turbulencia?

Sepa que para ganar en la vida hay que ahorrar cada día con sabiduría. Generando fuentes de ingresos que sean mayores que los egresos podemos plantar semillas que un día como árboles nos darán buena cobija. El ahorro son esas semillas, mas la creación del árbol y sus frutos son resultado de la inversión inteligente, disciplinada y sostenida a través del tiempo. Plantadas en tierra buena las semillas mueren, germinan y fructifican.

Lamentablemente muchos aversos al riesgo y carentes de conocimientos ponen las semillas debajo de un colchón. Allí yacen aplastadas sin dar a luz a un árbol y su poder adquisitivo y de crecimiento desfallece víctima de la inflación. ¿Y qué es la inflación? Es simple y llanamente aquello que Juan Luis Guerra cantó tan pegajosamente en los años noventa: "El costo de la vida sube otra vez / el peso que baja ya ni se / y las habichuelas no se pueden comer / ni una libra de arroz, ni una cuarta e café . . .."

En lo que tiene que ver con instrumentos financieros, en República Dominicana contamos con certificados de depósito, bonos corporativos y bonos soberanos. Dichas opciones son generalmente para la preservación de capital, no para la acumulación. Cuando decimos "instrumento de preservación de capital" nos referimos a un mecanismo que por lo menos proteja el poder adquisitivo de su dinero a través de un retorno que sea igual o mayor a la tasa de inflación. La tasa de inflación promedio anual entre el año 2000 y 2010 en RD fue de 12.4%. A ese ritmo los precios de los productos de la canasta básica se duplican cada 6 años.

Las ofertas de bonos denominados en pesos en el mercado dominicano ofrecen retornos de entre 8% - 17% mientras que los denominados en dólares ofrecen rentas de entre 3% – 7%. Al considerar la diferencia en rentas tenemos que considerar la tasa inflacionaria de la moneda y la salud fiscal del gobierno o entidad privada que emite el título.

Hoy por hoy en el país no tenemos una plataforma integral para el inversionista individual en sentido general. La sociedad demanda instrumentos financieros que permitan la efectiva diversificación y manejo de riesgo así como incentivos fiscales para invertir en cosas esenciales como la educación y la jubilación.

Empecemos por pensar de acuerdo a los principios aquí compartidos para desarrollar hábitos saludables de ahorro e inversión sabiendo que los pensamientos originan acciones y las acciones hábitos los cuales, a su vez, son los que marcan la diferencia. Pues, como dijo Aristóteles, "somos lo que hacemos una y otra vez." De manera que la excelencia y la estabilidad financiera no son actos aislados, sino hábitos, culturas y estilos de vida que se cultivan a través de la disciplina procesal, la inteligencia empresarial y la sensibilidad social, espiritual y familiar.

Inversionista o consumidor inmediatista

Vivimos en el mundo de lo inmediato donde lo queremos todo aquí, ahora y sin demora: comida rápida, cirugía plástica que adelgaza sin reducir el consumo de grasa, riqueza que se hace de la noche a la mañana con un ticket de loto ganador del premio gordo. Dentro de ese cuadro de expectativas, hacer ejercicios, comer saludablemente y trabajar honesta y disciplinadamente parecen ser medios obsoletos para llegar al fin del desarrollo pleno y multidimensional de nuestras capacidades y aspiraciones existenciales.

Sin embargo, lo que se obtiene de inmediato suele desvanecerse al poco rato. Dicho de otra forma "lo que cuesta poco se estima en menos" y, a final de cuentas, genera escasos dividendos. Precisamente, eso es lo que sucede con los bienes que ofrece la tendencia consumista-inmediatista que predomina en la sociedad de hoy día.

Engatusados por esa corriente, individuos abrazan las vanas apariencias a expensas de invertir con inteligencia en aquello que genera riquezas de manera responsable y sostenida a través del tiempo. Despilfarrando a diestra y a siniestra comprometen su futuro comprando carros de lujo y otros bienes cuyo valor disminuye y se diluye como "lo que el viento se llevó."

Nada hay de malo en consumir un lujo siempre y cuando uno se pueda dar el lujo. Pero cuando se consume a crédito con el mero fin de ser aceptado en tal o cual círculo societario entonces se constituye en algo sumamente peligroso. Aun "cuando uno se puede dar el lujo" el consumo de lujos debe estar supeditado al cumplimiento de una agenda de prioridades de ahorro, inversión, producción y filantropía.

Simplemente no es preciso comerse el postre antes del plato fuerte y el entremés. La ley de suma y resta nos dice claramente que para tener resultados positivos la producción debe ser mayor que el consumo. Pero en una cultura consumista es difícil vender esta simple y llana verdad. En muchos casos no es sino hasta que el individuo se ha dado con la misma pared varias veces que recapacita y cambia curso. Sin embargo no hay necesidad de perder el tiempo en infructuosos menesteres de placeres inmediatos cuando sabemos de antemano que lo barato sale caro.

Sabiendo esto, qué debe hacer en lo que tiene que ver con su vida financiera. Primeramente, póngale nombre y apellido a cada peso en su bolsillo. Esto implica hacer un presupuesto que se ajuste a sus prioridades de ahorro, inversión, consumo y filantropía. El presupuesto le pondrá riendas a su nivel de gasto al tiempo que acumula y preserva riqueza en su portafolio financiero.

En segundo orden defina el horizonte de tiempo entre la ejecución de su agenda de consumo, ahorro e inversión y la fecha en que piensa hacer uso de los recursos acumulados para realizar estudios, emprender un nuevo proyecto en el mundo de los negocios o financiar su retiro de la fuerza laboral. Un horizonte de tiempo definido le ayudará a transcender el inmediatismo, a no confundir lo urgente con lo importante y a tomar decisiones en correspondencia con sus mejores intereses a corto, mediano y largo plazo.

Tercero, haga uso inteligente de las tarjetas de crédito y otros medios de endeudamiento. Considere cuidadosamente las tasas de interés y trate de liquidar el balance de sus cuentas de crédito a final de mes. No cometa el grave error de tener dinero en un certificado de depósito u otro instrumento financiero al tiempo que tiene una deuda cuyo interés es mayor que el rendimiento que le brinda dicho instrumento. Sepa que a la hora de usar el plástico está asumiendo un compromiso financiero de carácter ineludible. Por lo tanto no compre lo que no necesita con el dinero que no tiene para estar a la par con el vecino que le cae mal.

Evaluando riesgos, conquistando sueños

En finanzas la relación riesgo-retorno juega un rol esencial en el análisis de costo-beneficio. La relación entre dichos factores es positiva pues a mayor riesgo asumido, mayor puede ser el retorno adquirido como resultado. Dicho de otra forma, mientras más retorno se persiga, mayor será la posibilidad de que se materialicen pérdidas en la búsqueda de plusvalías.

Ante esta información, cómo determinamos qué cantidad de riesgo asumir a la hora de invertir. Para evaluar nuestra tolerancia al riesgo tenemos que casar nuestro conocimiento de la relación riesgo-retorno con el binomio tiempo-capital. La relación entre tiempo-capital y tolerancia al riesgo también es, en sentido general, positiva ya que mientras más tiempo y dinero tenemos en las manos mayor es nuestra capacidad de asumir pérdidas en el corto y mediano plazo.

Ahora bien, cabe señalar que la capacidad de asumir riesgo no es necesariamente igual al nivel de tolerancia al riesgo. Una persona joven y adinerada, por ejemplo, puede tener un nivel de tolerancia al riesgo relativamente bajo aunque su capacidad de asumirlo sobrepase el promedio en determinada muestra poblacional.

¿Cuál es la razón de ser de esta disparidad? Simplemente la subjetividad del factor tolerancia versus la objetividad del factor capacidad. Lo ideal en este caso es que cada cual ajuste su noción subjetiva del riesgo a la realidad objetiva del mismo utilizando los referentes plasmados en este artículo emparejados con los factores pertinentes en el plano personal. En principio, mientras más temprano tome riesgos mayor será la probabilidad de éxito en sus emprendimientos financieros.

Para ilustrar esta tesis suponga que a sus 35 años de edad invirtió RD$500K en un fondo de pensiones con una volatilidad (riesgo) significativamente por encima del promedio en el mercado y con un retorno promedio anual de 12%. Tres años después la economía experimenta una gran recesión y su portafolio se reduce a la mitad de la cantidad invertida. Asumiendo que el fondo es de buena calidad qué haría ante tal situación. ¿Continuaría contribuyendo al fondo? ¿Aumentaría sus contribuciones o las disminuiría? ¿Materializaría la pérdida sacando sus recursos del fondo y poniendo el dinero en efectivo debajo de su colchón?

La pérdida se hace oficialmente efectiva cuando usted liquida los fondos. De modo que si decide liquidar eliminaría concomitantemente la oportunidad de recuperar sus pérdidas capitales pues, en efecto, estaría vendiendo sus activos de calidad a precios bajos habiéndolos comprado a precios altos. Hacer tal cosa podría ser catalogado, en sí mismo, como un acto irracional y, por ende, contraproducente.

En cambio, si opta por no liquidar sus inversiones y continúa contribuyendo a su fondo de jubilación estaría comprando acciones de calidad a mitad de precio sin materializar la baja. Considerando que en esta etapa de su vida (entre 20, 30, 40 y hasta 50 años de edad) todavía le faltan varias décadas para pensionarse, es menester se posicione para reconquistar territorio perdido invirtiendo sabiamente el tiempo y el capital que tiene entre manos.

Si la economía sigue el curso que ha seguido por cientos de años, la recesión será seguida por un período de recuperación y crecimiento. Eso es tan cierto como que la noche está seguida por el día, y la siembra por la siega. Lo interesante del caso es que a pesar de que todos queremos que amanezca, las estrellas brillan tan solo en la oscuridad de la noche. Similarmente es durante tiempos de adversidad que nuestras mayores virtudes tienen la oportunidad de salir a la luz permitiéndonos evaluar los riesgos, superar miedos y conquistar nuestros más anhelados sueños.

Volviendo a nuestro caso hipotético, si usted hubiese invertido los RD$500K bajo las mismas circunstancias a los 60 a los 70 años otro sería el panorama. Suponiendo (como es muy probable) que a esa edad esté retirado de la fuerza laboral entonces dependería de esos fondos para su subsistencia y eso, indudablemente, alteraría las conclusiones de nuestro análisis. Sin embargo, también es cierto que de haber hecho un análisis de riesgo de acuerdo a los parámetros previamente explicados un inversionista racional a sus 60 o 70 años de edad no hubiese invertido todo su capital en un portafolio tal cual lo describimos más arriba.

En fin, es un gran riesgo no informarse y el mayor riesgo puede ser no arriesgarse.

El inversionista inteligente

Como corredor de acciones de Wall Street durante la Crisis Financiera Global recibí cientos de llamadas de clientes reclamándome sobre bajas en su portafolio de inversiones. Desesperados, algunos de ellos me pedían que liquidásemos las inversiones antes de que su valor disminuyera aun más.

Muchas veces me opuse a tal sugerencia por varias razones. Primero, en la mayoría de los casos, lo que había tomado lugar era un descenso en el precio de las acciones, no una real devaluación.

Si bien es cierto que el precio de un bien o servicio ha de reflejar el valor del mismo, tal equivalencia entre precio y valor se contempla dentro de un marco teórico que presupone la existencia de un mercado perfectamente competitivo en el cual los diferentes productores y consumidores que lo componen interactúan en igualdad de condiciones.

La realidad en mercados de capitales es otra, pues, en el corto plazo, la dinámica de compra-y-venta de inversiones intangibles puede ser motorizada por fuerzas especulativas de carácter artificial. En el largo plazo esas fuerzas artificiales suelen ser desplazadas por las fuerzas reales de oferta y demanda que son las que, en esencia, determinan el valor real de determinada empresa.

De manera que el inversionista inteligente no actúa con la cabeza caliente y vende una vez el precio de una acción desciende. Al contrario, si la acción en cuestión es de una compañía sólida, con una buena línea de productos y servicios, suficiente flujo de efectivo y buenos canales de distribución, entonces la decisión inteligente es no vender.

De hecho, si el inversionista tiene efectivo disponible la decisión inteligente es, no solamente no vender, sino comprar más. Ya que cuando la inversión es buena lo que tenemos entre manos son pelotas que rebotan y no huevos que cuando caen explotan.

Vender "pelotas" cuando el mercado está en baja equivale a cambiar vigas de oro por espejos. Lo que puede parecer una pérdida en su estado de cuenta no lo es, al menos que usted materialice la pérdida vendiendo su inversión a un precio artificial por debajo de su valor real.

Lo opuesto también es cierto. Comprar "pelotas" cuando el mercado esta en baja equivale a una compra inteligente en anticipación de un rebote inminente.

Ahora, si lo que tiene usted entre manos es un "huevo" véndalo lo más pronto posible antes de que toque fondo y explote. Pero, recalco, si son "pelotas" lo que tiene, aguántese y no venda aunque el mercado esté por tocar fondo.

Las "pelotas", en su naturaleza, rebotarán al tocar fondo y -para su sorpresa- en ocasiones, superarán la altura desde la cual cayeron inicialmente.

Por tanto os invito a que:

Sea un inversionista inteligente; sea un inversionista de "pelotas."

Sea un contrariado; venda cuando la mayoría compra; compre cuando la mayoría venda.

Sepa, como contrariado inteligente, que en este mundo, como me compartió una vez un gran amigo, se recibe dando, se sube bajando, se vive muriendo, y se es primero siendo el último.

Finanzas en contexto

Ganar dinero cuesta trabajo, pero cuesta infinitamente más no ganárselo. Una vez lo obtienes es menester lo pongas al servicio de tus mejores intereses empleándolo en instrumentos financieros y actividades empresariales que rindan buenas rentas. Pues, a final de cuentas, no se trata de cuanto dinero ganas, sino con cuanto te quedas y como lo inviertes para acumular y preservar su valor a través del tiempo. En otras palabras, una cosa es simplemente trabajar arduamente para obtener dinero y otra es poner el dinero que obtienes a trabajar eficiente, suficiente y efectivamente para ti.

Para hacer que el dinero trabaje para ti, primeramente tienes que aprender a bien-administrarlo. Con gastos fijos bien definidos y la creación de un fondo de emergencia tendrás la zapata de tu éxito financiero formalmente constituida. Idealmente tus gastos mensuales no deben exceder las dos terceras partes de tu ingreso mensual. En cuanto al fondo de emergencia, debe estar en una cuenta en efectivo y su balance no debería ser menos de la cantidad equivalente a seis meses de tus gastos fijos.

Poco aprovecha invertir dinero en una empresa y/o instrumento financiero si a los pocos días o meses de hacerlo surge una eventualidad y no tienes un fondo de emergencia para cubrir los gastos que la misma genere. La eventualidad puede ser, entre otras cosas, una emergencia médica, muerte, la pérdida de empleo, un embarazo inesperado, un viaje necesario de último minuto o una crisis macroeconómica a nivel local y/o internacional.

En la ausencia de un fondo de emergencia adecuado te verás obligado a contraer deudas y/o liquidar activos para sufragar gastos. En esa situación es muy probable que tengas que asumir deudas con intereses muy por encima de la tasa de mercado y/o liquidar tus activos por debajo de su valor real para poder venderlos rápidamente y hacerle frente a la situación de carácter urgente que afecta tu bienestar y el de tu familia.

Cabe señalar que junto a tu fondo de emergencia debes tener una póliza de seguro de vida y de salud como parte esencial de tu plan de contingencia. Las pólizas de seguro sirven, de hecho, como instrumentos de preservación de capital y amortización del consumo a largo plazo. Esto último no es más que el beneficio derivado del pago de una póliza de seguro en relación al costo que cubre dicha póliza en caso de una emergencia. Los costos cubiertos por la póliza, en efecto, protegen tu capacidad de consumo pues te libran de gastar sumas importantes para atender responsablemente a casos y cosas impredecibles e ineludibles en naturaleza.

Poner a trabajar tus recursos en pro de tus mejores intereses no es, entonces, solamente equivalente a invertirlos en instrumentos y empresas de alta rentabilidad. Sino, más bien, se trata de posicionar tus recursos en función de una agenda de prioridades y objetivos a corto, mediano y largo plazo.

Acuérdate que se trata de invertir eficiente, suficiente y efectivamente. Si te enfocas solamente en el signo de dinero no podrás contextualizar tu estrategia y ultimadamente es muy probable que "lo que hagas con las manos lo desbarates con los pies". Pero no hay necesidad de proceder como Don Jerónimo Valdés[2] que se pone las medias en las manos y los guantes en los pies. Haz las cosas al derecho en las finanzas al igual que en tus demás andanzas y no serás una simple víctima del revés que te depare la inmediatez de tal o cual circunstancia de tu mortal, pero, en esencia, transcendental existencia.

---

[2] Personaje ficticio

Diversificación

Como modo de incrementar las probabilidades de éxito siempre se nos ha aconsejado poner los huevos en varias canastas en vez de una sola. En administración financiera, eso equivale a invertir de manera diversificada en instrumentos financieros en las diferentes industrias y geografías que conforman la economía a nivel global.

Productos de la canasta básica, bienes de consumo, bienes raíces, salud, telecomunicaciones, energía, servicios financieros, tecnología, construcción y transporte son algunos de los sectores que deben estar representados en su portafolio de inversiones.

Geográficamente sus inversiones deben tocar los cinco continentes. Desde países desarrollados a economías emergentes; desde Silicon Valley a Hong Kong, Moscú, Sydney, Brasilia y Kuala-Lumpur.

Bonos, acciones, dinero en efectivo, fondos mutuos, pólizas de seguro, anualidades y metales preciosos componen, generalmente, la cartera de instrumentos financieros disponibles para construir su estrategia de inversión.

La distribución de fondos a través de estos instrumentos, geografías y sectores de la economía dependerá de cuál es su objetivo como inversionista. A cinco años de su retiro de la fuerza laboral, por ejemplo, su objetivo primordial debe ser preservación de capital. En un portafolio cuyo fin es preservar el valor del capital acumulado, deben abundar los bonos con maduración a corto, mediano y largo plazo. También las pólizas de seguro juegan un rol importante añadiendo elementos fundamentales a la estrategia de preservación de capital: mitigación de riesgo y transferencia de capital.

En ocasiones, las pólizas de seguro le permiten al inversionista reducir la tarifa fiscal e invertir en instrumentos de acumulación (acciones, fondos mutuos, commodities) sin asumir el riesgo de pérdida que los mismos representan. La acumulación de capital, de hecho, complementa la preservación de fondos pues a través de la inversión en acciones - especialmente en industrias de bienes básicos y de consumo - podemos impedir que fuerzas inflacionarias erosionen el valor real de nuestro portafolio.

El nivel de inflación en determinada economía refleja la fluctuación en los precios de bienes y servicios en relación al poder adquisitivo del circulante. En República Dominicana el nivel de inflación por los últimos ocho años ha permanecido en territorio de un dígito (a excepción de 2008) con una cifra promedio anual de seis puntos porcentuales.

A razón de 6% el nivel de precios que impera hoy día se doblará en cuestión de tan solo doce años. De manera que si usted tiene un hijo que actualmente cursa el primer grado de primaria es muy probable que cuando el pequeño se gradúe en el año 2025 la matrícula universitaria costará por lo menos el doble de lo que cuesta hoy. A través de la inversión en bienes básicos y de consumo, el inversionista que busca preservar capital se cerciora que el valor de su portafolio se ajuste al incremento en el costo de la vida. Esto, a su vez, le permite sostener y, quizás, mejorar su calidad de vida aún después de haber salido de la fuerza laboral.

Para los que estamos en pleno desarrollo de nuestra carrera con un horizonte de entre 20 y 40 años para retirarnos, el fin primordial de nuestra estrategia de inversión es, naturalmente, acumulación de capital. En mercados de capitales, los medios para alcanzar dicho fin son las acciones. A diferencia de una estrategia de preservación que enfoca las inversiones de capital en compañías grandes y establecidas en sectores que producen bienes de consumo diario, el portafolio de acumulación se enfoca en sectores y compañías emergentes que prometen retornos más jugosos.

Las inversiones BRIC representan los países emergentes de mayor crecimiento económico en el mundo: Brasil, Rusia, China e India. Los sectores tecnología, energía alternativa, servicios financieros e investigación médica, predominan en estrategias de acumulación. Si bien dichas industrias y geografías representan oportunidades de ganancias significativas también representan riesgos que si no se manejan inteligentemente pueden ser fatales.

La diversificación es sólo uno de muchos aspectos que inciden en la compleja tarea de manejo y control de riesgo. Al momento de n construir su portafolio debe considerar su realidad circunstancial a nivel familiar. En el mejor de los casos, debe tener un fondo de emergencias equivalente a seis meses de sus gastos fijos.

Es riesgo mayor invertir dichos fondos en mercados de capitales pues, como sabemos, las tendencias suben y bajan impredeciblemente en el corto plazo.

Poner su sustento y el de su familia a merced del mercado de valores en el corto plazo es un error que, después de haber leído estas líneas, nunca debe cometer. Pues, como nos gusta decir, "en guerra avisada no muere gente... y si mueren, mueren pocos."

En síntesis, invertir en mercados de capitales es de mucho provecho si se abordan las oportunidades de manera responsable. Un portafolio diversificado en función de opciones, realidades y metas a realizarse en el mediano y largo plazo es la marca distintiva de una estrategia inteligente capaz de producir "bendiciones que enriquecen y no añaden tristezas con ellas".

De lo pecuario a lo pecuniario

De lo pecuario tenemos mucho que aprender a la hora de administrar nuestros recursos pecuniarios. El ganado vacuno comprende vacas lecheras y vacas carneras mientras el ganado avícola se constituye, mayormente, de pollos y gallinas ponedoras. Sabiamente el ganadero diversifica la composición de su ganado de modo que su negocio se desarrolle sosteniblemente. El balance adecuado entre lecheras y carneras; entre pollos y gallinas es la clave de su éxito el cual cultiva para el porvenir de su familia.

El ganadero no sobre-sensibiliza sus decisiones a los albores del mercado. En cambio, se enfoca en sus labores buscando, más que el mayor beneficio a corto plazo, "guardarse hoy para mañana y no aventurarse todo en un día". Un incremento súbito en el precio de la carne no lleva al sabio ganadero a cambiar todas sus vacas lecheras por carneras no sea que mañana el precio de la carne descienda y tenga que vender las carneras a precio de vaca muerta. Aun menos probable es que el sabio ganadero sacrifique sus lecheras para aprovechar la carne que las mismas contienen en respuesta al incremento en precio. De hacer tal cosa estaría comprometiendo su capacidad de producción en el mediano y largo plazo a cambio de una mayor producción y generación de ganancias en el corto plazo.

Pasando de lo vacuno a lo avícola, imagínese que tiene una gallina ponedora de huevos de oro en un tiempo donde la libra de pollo se está cotizando por encima de la onza de oro, ¿degollaría usted su gallina ponedora para venderla por libras de pollo? De ninguna manera. Más bien esperaría a que los huevos de oro se conviertan en gallinas ponedoras para así aumentar conjuntamente su capacidad y nivel de producción de manera sostenida.

Si vende la gallina ponedora se acaban juntamente los huevos y los pollos. En cambio si retiene la gallina y la cría debidamente, con el tiempo, tendrá usted abundancia de huevos y de pollos y su empresa se mantendrá en pleno desarrollo. Si apenas está empezando como empresario, invierta en una ponedora y con los huevos que ponga, la gallina se pagará sola. Igual es el caso en lo pecuario con las vacas lecheras. Ellas producen leche y al producirla no se mueren como consecuencia, sino que siguen produciendo. A las vacas carneras hay que matarlas para aprovecharlas. De manera que la vida de estas vale solo para una cosecha.

Esto no quiere decir necesariamente que las lecheras aprovechan más que las carneras pues las carneras, de hecho, pueden generar retornos más jugosos que las lecheras. Lo que quiero establecer con esta ilustración explicativa es que el crecimiento sostenido y significativo se logra por medio de la diversificación adecuada a través de instrumentos de preservación de capital, generación de rentas fijas y acumulación de capital. En lo pecuario los instrumentos de preservación y generación de rentas fijas son las vacas lecheras mientras que los de acumulación de capital son las vacas carneras. En el mercado de capitales las vacas lecheras son los certificados y bonos soberanos y corporativos; las vacas carneras son, generalmente, las acciones. En otros contextos económicos, la vaca lechera puede ser una propiedad inmobiliaria que tenga rentada y/o el salario de su trabajo, mientras que la carnera puede ser el patrimonio de una herencia o una mercancía que ha decidido poner a la venta. También podemos tener instrumentos híbridos que hacen las veces de vacas lecheras y carneras a la vez como lo es una empresa que genera rentas fijas al tiempo que experimenta ganancias capitales sobre su valor base.

Lo importante, a final de cuentas, es que usted muestre ecuanimidad y asertividad a la hora de preservar, fomentar y garantizar la presencia de una diversidad adecuada a través de tipos y clases de instrumentos financieros en su portafolio. No ponga todos sus huevos en una canasta. Diversifíquese, en sentido figurativo, con pollos y gallinas ponedoras; con vacas lecheras y vacas carneras. La generación de múltiples fuentes de ingreso es, en cierto grado, la clave de la estabilidad y prosperidad económica. Aprendamos pues de lo pecuario para cuidar lo pecuniario; y de los pollos y gallinas para manejar bien la vida.

Escollos en la banca de inversión de RD

La banca de inversión local no oferta opciones de crecimiento al inversionista individual. Sus colocaciones se limitan a instrumentos de preservación de capital cuyas estructuras y rendimientos no responden a los requerimientos del segmento de la población que busca crear y acumular riqueza. Eso, en esencia, no le permite a la banca dominicana desempeñarse de acuerdo a las mejores prácticas de asesoría financiera en lo que tiene que ver con creación y manejo de portafolios de inversión.

A la hora de invertir el inversionista debe tener la opción de diversificarse a través de tipos de instrumentos financieros, industrias y geografías. Esto debe hacerlo de acuerdo a su objetivo de inversión, tolerancia al riesgo y horizonte de tiempo. La opción de diversificarse y establecer un objetivo definido le permite al individuo reducir el riesgo total asumido al tiempo que ajusta la composición de su portafolio en función de sus necesidades y capacidades.

La banca dominicana oferta estrictamente instrumentos de preservación de capital en la forma de certificados de depósitos, bonos corporativos y deuda pública. Actualmente solo 3 entidades gubernamentales emiten títulos de deuda. En el sector privado apenas 16 empresas colocan bonos en el mercado. La mitad de esas empresas son del sector financiero, 3 son del sector industrial, 4 del sector energía y una del sector comercial y de servicios.

Este repertorio de opciones no es lo suficientemente amplio para construir un portafolio debidamente diversificado y ejecutado en función del vasto universo de perfiles entre inversionistas individuales por las siguientes razones:

1. Significativa concentración de compañías privadas en un solo sector (50% del total en el sector financiero)
2. Ausencia de sectores importantes (sector agroindustrial, construcción, telecomunicaciones, entre otros)
3. Falta de acceso a mercados de capitales a nivel internacional
4. Inexistencia de cuentas de retiro independientes con ventajas fiscales y asignación estratégica de activos a modo discrecional
5. Ausencia de instrumentos de acumulación de capital (acciones, fondos mutuos)

Se podría argumentar que dada las rentas de doble dígitos disponibles actualmente en el mercado de bonos dominicanos no se necesitan instrumentos de acumulación de capital. Sin embargo es menester contextualizar esos retornos de doble dígitos en el marco de las tendencias inflacionarias y de política monetaria en República Dominicana.

Consideremos, por un lado, que la inflación promedio anual en los últimos 10 años ha sido de 12.7% y tomemos en cuenta, por otro lado, que la política monetaria en dominicana se ha inclinado generalmente hacia la expansión de la oferta de dinero. A través de un simple análisis de estos factores descubrimos que dicha dinámica reduce las tasas de interés y aumenta los precios de los bonos lo cual, a su vez, erosiona el rendimiento de estos.

Resolvemos, entonces, que los instrumentos de renta fija en el mercado dominicano no pueden hacer las veces de instrumentos de acumulación de capital aunque estén ofreciendo tasas cupón en los doble dígitos. Simple y sencillamente un instrumento de carácter fijo nunca podrá responder a las necesidades dinámicas del inversionista individual. Existe, por lo tanto, un vacío en el mercado local que necesita ser llenado con opciones de calidad para la acumulación de capital emparejadas con cuentas de retiro independientes que disfruten de ventajas fiscales y asignación de activos a modo discrecional.

No obstante hoy por hoy la banca comercial dominicana se encuentra en su mejor momento y busca galvanizar su presencia con el aumento en el nivel de bancarización en la economía del país. Es propio señalar, empero, que la banca de inversión dominicana está sumamente limitada y que dicha limitación enajena el derecho que tiene el inversionista de construir un portafolio hecho a la medida de sus necesidades y aspiraciones. Aplaudo los esfuerzos hechos por Bolsa RD y otras entidades financieras en pro de la modernización de nuestro sistema de banca de inversión, sin embargo falta mucho camino por recorrer para que la misma pueda responder satisfactoriamente a las exigencias y mejores intereses de inversionistas locales e internacionales.

Ciclón comercial navideño
Sus víctimas y sus dueños

La Navidad. Tiempo de dar y recibir. Las tiendas mercadean sus ofertas y el consumidor considera las posibilidades de su cartera. Hace una lista de regalos para familiares, amigos y compañeros de trabajo. En su presupuesto no se le puede olvidar la Navidad del cartero que se presenta una vez al año para reclamar su regalo.

Consideramos, planificamos y después embestimos los comercios como chivos sin ley. Echamos mano de las gangas y vamos más allá de nuestro supuesto prepuesto con la poderosa tarjeta de crédito comprando cosas que no necesitamos con el dinero que no tenemos. Guiados por el impulso, consumidores comprometen su futuro derrochando sus recursos en hedonismos que no dan fruto.

Ahora, no tenemos por qué vivir a la merced de esa sinrazón impulsiva. Más bien debemos desarrollar una cultura directiva en lo que tiene que ver con nuestras finanzas y la vida en general. Poniéndole nombre y apellido a cada peso que llevamos en el bolsillo no responderemos desenfrenadamente a gangas que antes nos hacían la boca agua.

¿Cómo así ponerle nombre y apellido a cada peso que llevo en el bolsillo? Con esto me refiero a asignar a cada peso su fin. En otras palabras, crear un presupuesto global y funcional que considere no nada más las cosas por comprar, sino primeramente las cuentas por pagar y el dinero que tenemos que ahorrar para nuestro futuro asegurar.

Si un peso se llama "ahorro" su destino es la cuenta de ahorros y no los últimos zapatos rojos. Un peso sin nombre es cual tierra baldía susceptible a invasores detractores. Cerciórese, entonces, de empalizar sus recursos con alambres de púas o mallas ciclónicas a prueba del ciclón comercial navideño que intenta de su bolsillo hacerse dueño.

En las Navidades regale lo que tiene y reciba paz. Manténgase al margen de la ansiedad que viene con la ambición de impresionar con regalos cuantitativos. Enfóquese en regalar tiempo y cuidado cualitativo a sus seres queridos; haga el esfuerzo de tenderle la mano al vecino conocido así como al transeúnte desconocido y todo lo demás os será añadido.

Considere sobre todas las cosas la esencia de la única Deidad que constituye la razón de ser de la Navidad; la esencia del Niño Dios, Jesucristo nuestro Señor y Salvador. Él fue quien dijo en una ocasión que no podemos servir a Dios y al dinero. Esto quiere decir, simplemente, que el dinero es un buen siervo, pero un pésimo patrón. Mas cuando servimos a Dios servimos nuestro mejor interés tanto individual como colectivo.

Interpelado por los fariseos sobre si era menester pagar impuestos al César, Jesús mostrando una moneda preguntó a la multitud de quién era la imagen impresa en ella. "De César", respondieron todos al unísono. Ante esto Jesús articuló la famosa respuesta "entonces dad al César lo que es del César y a Dios lo que es de Dios."

La imagen del César estaba acuñada sobre la moneda haciéndolo titular de tributos pecuniarios de parte de todos lo que habitaban en el Imperio Romano.

¿Pero qué de Dios? ¿Dónde está acuñada la imagen de Dios? La respuesta es evidente: en nosotros. Habiendo sido nosotros creados a la imagen y semejanza de Dios, le pertenecemos enteramente a Él. Interesantemente cuando se trata de Dios, entregarnos a quien le pertenecemos está de nosotros.

Así como les insto a ponerle nombre a cada peso que lleva en su bolsillo, os invito en esta temporada a considerar la imagen que lleva en su alma, mente, cuerpo y corazón. De modo que teniendo su vida la marca de Dios su destino es servirle a Él y Él nos manda a servir genuinamente a nuestros semejantes. Hagámoslo de todo corazón siendo dueños de nuestro llamado y no víctimas de un propósito adulterado.

Tercera Parte - Desarrollo Empresarial

Inteligencia empresarial

Los negocios se tratan de decisiones. Transar o no transar, emprender o no emprender: ese es el dilema. La habilidad de tomar decisiones consecuentes en términos de rentabilidad, competitividad y sostenibilidad estriba en el nivel de Inteligencia Empresarial (IE) aplicada en la ejecución de determinado proyecto.

Definamos el concepto de inteligencia empresarial. Inteligencia Empresarial es simplemente el proceso mediante el cual datos son transformados en información relevante a las necesidades y aspiraciones de una empresa. Los datos son recopilados de los diferentes eslabones que comprenden la cadena de valor de una empresa o industria. De modo que los particulares que atañen al diseño, producción, distribución y comercialización de un bien o servicio conforman las piezas del rompecabezas.

A la hora de unir las piezas usualmente se utiliza una fotografía del rompecabezas terminado como punto de referencia. La imagen principal que debe tener el empresario a la hora de transformar datos en información es la misión y visión de su organización. Definiendo estos elementos con el mayor grado de especificidad posible el emprendedor hace visible lo invisible y posible lo imposible.

Considere los datos recopilados a través de las redes sociales. Edad, sexo, religión, afiliación política, ingreso anual, profesión, afición, gustos, relaciones, etc. Toda esa data puede ser monetizada a través de sistemas que la conviertan en información relevante para hacer ofertas de valor al potencial consumidor.

Esto quiere decir que un empresario inteligente estudia la demanda minuciosamente para después lanzar sus ofertas estratégicamente. Al estudiar la demanda el empresario inteligente considera tanto las necesidades manifiestas como las latentes en el corazón de la gente. Digamos que en 2014 exista en la población Dominicana una necesidad manifiesta de profesionales que dominen con fluidez el idioma inglés y una necesidad latente de profesionales que dominen el idioma ruso. Hipotéticamente esta necesidad latente puede determinarse por medio del monitoreo constante de las conversaciones entre Dominicana y Rusia sobre un posible tratado bilateral de libre comercio.

El empresario inteligente utiliza estos datos para posicionarse favorablemente en la eventualidad de la entrada en vigencia de dicho tratado. Con tal fin el empresario puede, entre otras cosas, reclutar y entrenar capital humano capaz de responder a la necesidad latente cuando esta se haga manifiesta. De hecho, los esfuerzos del empresario en anticipación a la demanda puede que provoquen, a su vez, que la demanda en sí se manifieste más expeditamente. En tal caso podríamos decir en cierto grado que la oferta crea la demanda.

¿Pero qué ha de hacer el empresario inteligente si el hipotético tratado bilateral entre Rusia y Dominicana no entra en vigencia en tiempo prudente? Antes que todo cabe señalar que el empresario inteligente se diversifica y no pone todos sus huevos en una canasta. De modo que al anticiparse a la posible demanda de profesionales que dominen el idioma ruso el empresario inteligente también considera y actúa en función de otras posibles demandas al tiempo que responde a demandas que ya están en actual existencia. Diversificándose apropiadamente el empresario minimiza y, en el mejor de los casos, mitiga el riesgo inherente en anticiparse a una demanda que todavía no ha entrado en efecto propiamente.

A final de cuentas el objetivo de una empresa exitosa no es producir un bien o servicio en específico, sino lograr resultados predeterminados. Diferenciemos entre producción y resultados. Producción es cantidad de producto por unidad de insumo. Resultado es como la producción se corresponde con la misión y visión de la organización. Y es esto último lo que determina el desempeño óptimo o subóptimo de tal o cual entidad. De manera que la producción no puede ser evaluada aislada de los valores y razón de ser de una empresa. Dicho de otra forma, el empresario inteligente se casa con un propósito, no con un producto. Es, pues, la Inteligencia Empresarial el marco infraestructural a través del cual el empresario alinea insumos, productos y resultados en función de un propósito misional y de responsabilidad social. En sentido general dicho propósito debe girar en torno a tres pilares fundamentales: el de la excelencia, la creatividad y la rentabilidad. No así la negligencia empresarial que se caracteriza por hacer emprendimientos que abarcan mucho, generan poco y quieren hacerlo todo.

Emprendimiento creativo-destructivo

El emprendimiento es el aditivo creativo-destructivo de la economía. Sus creaciones destruyen monopolios y crean competencia, desplazan lo viejo con lo nuevo que, a su vez, es mejor y más barato. El emprendedor es un agente perturbador que amenaza con alterar el status quo; es cual fuerza newtoniana que obstruye el reposo catalizando el movimiento del cuerpo societario hacia un estado de mayor y mejor bienestar para todos.

Las innovaciones reducen, reemplazan y destruyen cosas de inferior desempeño. Estas cosas son, en esencia, el modus vivendi de muchas personas responsables del sustento de familias y comunidades. En el siglo XIX la desmontadora de algodón sustituyó y, en efecto, destruyó el trabajo de cincuenta hombres; el correo electrónico disminuyó la utilidad de los servicios del cartero así como los procesadores de palabras eliminaron, básicamente, el valor agregado de las máquinas de escribir.

Si bien es cierto que el emprendimiento es un proceso perturbador, a final de cuentas, cuesta infinitamente más detenerlo que promoverlo. Es menester, empero, crear amortiguadores sociales para asistir la efectiva reintegración al aparato productivo de las fuerzas laborales desplazadas por el referido fenómeno creativo-destructivo.

El elemento clave para dicha reintegración es la educación pues es a través del entrenamiento y la capacitación que los factores de producción incrementan sus utilidades marginales amalgamando creativa e inteligentemente los recursos disponibles para satisfacer las necesidades latentes y manifiestas del mercado local e internacional.

La cruda realidad de este proceso perturbador es que al menos que todos los miembros del sistema estén consistentemente envueltos en la dinámica creativa-destructiva, la destrucción de modos de subsistencia es de carácter inminente. Sin embargo, este predicamento también es cierto en la experiencia existencial de la raza humana pues la muerte es parte de la vida y así como todo ser vivo nace, se desarrolla y exhala, la economía es cíclica y tiene sus altas y sus bajas.

Sabemos que la vida se aprovecharía mucho más si se viviese con la muerte en mente. Digo esto no de manera morbosa, sino con el propósito de inyectarle perspectiva al breve tiempo y espacio que ocupamos en el cosmos creativo que a veces parece estar siguiendo un patrón de ineludibles e irreparables destrucciones carentes de creaciones paralelas que compensen los valores sustraídos.

Por eso en medio de la opulencia material no es difícil encontrar al espíritu humano desnutrido por las vanas apetencias, la apariencias sin esencia, la insignificancia de significar, el dolor de fracasar y dejarse definir por los fracasos o el peso insostenible de triunfar para al final ser vencido por la muerte obligatoria e indiferente al balance bancario, rango militar, político o social de sus víctimas.

El emprendedor entonces debe saber que las cosas verdaderamente importantes son aquellas que el dinero no puede comprar y la muerte no se puede llevar. Teniendo esto en cuenta el empresario puede ejercer sus funciones libre de las disfunciones psico-vanidosas creadas por el consumismo que corre sobre las ruedas del egoísmo y cuyo destino es el abismo cegador preñado del ruido que abruma el clamor de verdades que libertan.

Vestido de moralidad, ecuanimidad y responsabilidad, el emprendimiento se constituye en una de las fuerzas más poderosas de inclusión económica y social en sistemas democráticos-capitalistas. Afirmando su llamado sobre dichos principios, el emprendedor puede y debe ejercer su rol creativo-destructivo fluyendo de la escasez a la abundancia y sirviendo cual mecanismo fotosintético que transforma lo malo en bueno, lo bueno en algo mejor y lo mejor en lo mejor de lo mejor.

Metodología del emprendimiento

República Dominicana goza de un gran espíritu emprendedor. La creatividad y el dinamismo fluyen de manera natural a través de nuestro cuerpo nacional. Sin embargo la gran mayoría de las empresas que se incorporan sobre suelo y bajo cielo Quisqueyano fracasan y no afloran.

Según estadísticas cerca del 90% de las empresas desisten de sus operaciones a tan solo 5 años de su incorporación. Esto se debe, entre otras cosas, a la virtual ausencia o deficiencia de estructuras tangibles e intangibles que le den carácter sistemático y sostenible a los nuevos emprendimientos. En muchos casos, como resultado, el micro, pequeño y mediano empresario realiza sus emprendimientos simple y solamente bajo el método heurístico de ensayo-error.

Tal método no es malo o incorrecto en sí mismo. Por el contrario hace mucho sentido a nivel empírico pues consiste en probar o ensayar alternativas para la solución de problemas. Si la alternativa funciona al ser ensayada entonces esta se convierte en una solución al problema que se intenta resolver. En caso de que la alternativa resulte en error o ineficaz para la solución del problema se desiste de la misma y se procede a ensayar otra alternativa. La problemática de este método de ensayo-error radica en su práctica aislada del método científico propiamente ejecutado. Esto hace que el emprendimiento se constituya en un evento cuasi aleatorio en vez de ser un proceso sistematizado de investigación, desarrollo e innovación. La aplicación de la metodología científica de investigación en su ejecución cuantitativa y cualitativa le permite al empresario gestionar emprendimientos con mayores probabilidades de éxito por varias razones:

1- El método científico dota al emprendedor de una estructura que le permite identificar relaciones causales o correlacionales entre dos o más factores a la luz de observaciones que dan origen a una serie de hipótesis experimentables.

2- Los experimentos llevados a cabo con rigor científico producen información confiable que le permite al emprendedor minimizar riesgos y maximizar utilidades.

3- Con dicha información cristalizada y presentada en un plan de negocios el emprendimiento cobra mayor atracción ante inversionistas potenciales.

En síntesis, el estudio sistematizado de las experiencias, investigaciones y teorías que se han postulado sobre el campo donde se busca realizar un emprendimiento le permite al emprendedor pararse sobre los hombros de gigantes y hacer lo que nunca antes se ha hecho. El método ensayo-error practicado de manera aislada, en cambio, puede que consuma su tiempo y espacio corriendo bien en la dirección incorrecta, reinventado la rueda y cometiendo los mismos errores que otros ya han cometido. Emprendimientos carentes de ciencia abarcan mucho, generan poco y quieren hacerlo todo.

Emprendimientos iluminados por la ciencia e impulsados por la pasión y la diligencia buscan hacer una cosa y hacerla excelentemente bien agregando valor substancial a la sociedad y generando buenos retornos pecuniarios en el corto, mediano y largo plazo.

Vilfredo Pareto articuló en los años 1800 el principio del 20/80 donde 20% de las actividades realizadas genera 80% de los resultados obtenidos. No es necesario, entonces, abarcar el 100% de las actividades con el método ensayo-error si a través de la investigación científica podemos identificar el punto óptimo: aquellas actividades en el 20% que produce el 80% de acuerdo a la Ley de Pareto.

Para empoderar a Dominicana con esta metodología del emprendimiento es menester formar una coalición estratégica entre la universidad, el Estado y el sector privado. Esta coalición, conocida como la triple hélice del crecimiento sostenible, debe educar, financiar y proteger al emprendedor a medida que este se desarrolla y madura. Las fuerzas de oferta y demanda por sí solas no son capaces de hacerlo óptimamente pues lo que requiere la clase empresarial y el cuerpo social dominicano en sentido general es algo que se conoce en las ciencias económicas como una externalidad de mercado. De modo que es imperioso que los referidos sectores decidan internalizar en conjunto esta necesidad urgente en aras del desarrollo integral de nuestra nación. Pues, a mi humilde entender, el binomio emprendimiento-educación es verdaderamente la fuerza sine qua non para la real y efectiva inclusión económica, política y social de esta generación que habita sobre suelo y bajo cielo Quisqueyano.

Desprendimientos

El espíritu emprendedor es contagioso. Pero también lo es la tendencia a desarrollar proyectos sin la efectiva ejecución de un riguroso plan de gestión y transición empresarial. Propiamente diseñado, dicho plan debe indicar con meticulosa especificidad los pasos necesarios para la realización y perpetuación del proyecto dentro de un marco predeterminado de tiempo, espacio, capital y rendimiento.

Los emprendimientos llevados a cabo con gestión empresarial deben, a su vez, ser motorizados por una pasión transcendental. Así y solo así es que el emprendedor puede transformar los fracasos ineludibles en peldaños para lograr lo virtualmente imposible. Sin esa pasión el proyecto de gestión empresarial viene a ser cual punta sin lanza, cual cuerpo sin alma.

De modo que emprender por emprender sin una razón de ser que vaya más allá del hacer y del tener es una actividad vana y fútil. Aún cuando las coordenadas pecuniarias indiquen que el emprendimiento del hacer y del tener dará en la diana codiciada del máximo poder, de nada vale pues el tiro de flecha, aunque sea certero, sin punta no penetra. Tan sólo besa el blanco y al besarlo lo deja en blanco.

En cambio, ceñida de pasión, gestión y marcada dirección la flecha emprendedora no nada más penetra, sino que también fecunda y engendra.

Algunos proyectos nacen normalmente, otros requieren de una cesárea. Los más exitosos son los que sostienen vida propia y se multiplican después del corte del cordón umbilical-empresarial. Ese cordón alimenta al proyecto desde su estado embrionario hasta su nacimiento. Existen casos de proyectos que aún después de nacidos y desarrollados siguen conectados a su progenitor vía ese cordón. Este fenómeno toma lugar cuando el emprendedor se cree un empleado del proyecto. Aunque parezca ser el dueño del negocio, lo que ha hecho el progenitor empresarial es meramente auto-emplearse a expensas de su libertad y el pleno desarrollo de la empresa.

En su mente este tipo de empresario afirma que sin él su negocio no tiene vida. Y si bien es cierto que "el ojo del amo engorda el caballo" no es menos cierto que "cuando el caballo es verdaderamente de uno no se tiene que amarrar." Es menester, entonces, dejar que el caballo, ya maduro, trote, galope y se desarrolle por cuenta propia.

Como empresarios tenemos que entender que al igual que la oruga, todo negocio exitoso pasa por un proceso de metamorfosis. Para que el negocio pueda emprender vuelo después de la metamorfosis debemos dejar que el proceso se desarrolle orgánicamente. Con el fin de ilustrar esta dinámica, consideremos la oruga que está en el proceso de convertirse en mariposa. En una etapa de ese proceso tiene que romper su envoltura para poder sacar sus alas y volar. Es precisamente durante esa etapa de rompimiento que la mariposa naciente desarrolla la fuerza para poder hendir el viento con su aleteo y así emprender vuelos hacia los etéreos cielos.

Al ver a los miembros de su negocio forcejeando para romper la envoltura, muchos dueños de empresa sucumben ante la tentación de adulterar el proceso con instrumentos y fuerzas inorgánicas. Estas fuerzas, muchas veces denominadas con el eufemismo "empujoncitos", tienden a convertirse rápidamente en la condición sine qua non para la existencia de la organización.

Sin embargo, a final de cuentas, esas intervenciones hacen más daño que bien pues privan a la empresa de la capacidad de volar por su propia cuenta al tiempo que la condenan a morir con la muerte de su muleta: el propietario de empresa que tanto se aferra a ella y no la suelta para dejarla ser ella. Curiosamente no es sino hasta que el empresario la deje ser ella que la empresa puede ser verdaderamente de él y él con ella siendo ella es más que él siendo solamente él.

Análisis marginal empresarial

El empresario inteligente piensa marginalmente. No obedece ciegamente la tesis "el que espera lo mucho, espera lo poco." Considera, en cambio, el costo de lo poco que no ha esperado para decidir esperar o no esperar.

La cuantificación y calificación del costo de lo poco se hace sobre la base de la utilidad que se derivaría de la actividad que el empresario realizaría si no estuviese ocupado esperando. Si la utilidad de esperar una hora adicional es mayor que la utilidad de invertir esa hora adicional en otra actividad empresarial entonces el empresario continuará esperando. De lo contrario dejará de esperar.

Cabe subrayar que el análisis marginal empresarial no considera la utilidad de los minutos, horas y días esperados, sino la utilidad que generaría esperar un minuto, hora o día adicional. El análisis marginal se desarrolla de esta manera debido a que las utilidades por unidad de insumo tienden a disminuir de manera progresiva. Lo que quiere decir que la utilidad de la segunda hora esperada es menor que la primera, la tercera menor que la segunda y así sucesivamente.

El economista austríaco Eugen Bohn von Bawerk ilustró

este fenómeno con el uso que un empresario granjero le daría a cinco sacos de trigo.

Suponiendo que el granjero no puede vender ni comprar más sacos de trigo, sólo tiene cinco posibles usos para el preciado grano:

1. Como alimento básico para sí
2. Como alimento para fortalecerse
3. Como alimento para criar gallinas y utilizarlas como alimento para su familia
4. Como ingrediente para hacer whisky
5. Como alimento para sus cotorras las cuales cría para entretenerse

Un mal día el granjero pierde uno de los cinco sacos llenos de trigo. En vez de reducir cada actividad en un 20% (en proporción a la pérdida), el granjero considera las utilidades marginales y deja de alimentar a las cotorras ya que ese uso del trigo representa una menor utilidad que los otros cuatro usos.

En otras palabras, las cotorras estaban en el margen. Al granjero experimentar una baja en sus insumos, el margen de utilidad que mantenía a las cotorras a flote se desvaneció y estas cayeron al vacío de la redundancia.

¿Cuántas veces no hemos puesto cosas de gran utilidad y relevancia en el margen de la insignificancia simplemente por no saber cómo llevar a cabo un análisis marginal empresarial con los rigores de lugar? Evaluando objetivamente la utilidad marginal de nuestros recursos de tiempo, espacio y materia no tenemos por qué comprometer lo importante por lo urgente, lo mucho por lo poco, lo eterno por lo temporero.

Dicho esto, el empresario que espera lo mucho por lo poco tiene una gran desventaja frente al empresario que espera lo poco por lo mucho. La diferencia entre el uno y el otro es que el último piensa marginalmente y hace lo poco de gran utilidad mientras que el primero considera el todo sin analizar las partes individuales que lo conforman y como consecuencia abarca mucho, genera poco y al final se le suelta todo.

Disciplina procesal empresarial

Comerciar es un proceso lógico, no arbitrario. El proceso comienza, se desarrolla, culmina y se reanuda con la comunicación diáfana y efectiva entre entes idóneos sobre cuyos hombros descansa la responsabilidad de tomar decisiones comerciales.

Las actividades que dan origen al encuentro entre dichos entes son sistemáticas en naturaleza. Contacto y participación constante en organismos empresariales como cámaras de comercio a nivel local, nacional e internacional es fundamental. Pero más importante aún es saber cómo crear, abordar y tomar ventaja de vínculos relacionales de modo que se conviertan en comerciales con beneficios sustanciales para todas las partes involucradas.

La clave está en construir puentes de interés común que creen unidad en interacciones donde existe gran diversidad cultural, política e idiosincrática. Fíjese que digo unidad, no uniformidad pues son precisamente los aspectos que nos hacen diferentes los unos de los otros que crean oportunidades para intercambios comerciales. Dicho de otra forma, todo intercambio debe estar caracterizado por la unidad que permite que la diversidad se manifieste en toda su plenitud.

Este tipo de unidad es la que ha permitido que las heterogeneidades existentes entre los países de Europa puedan coexistir e interactuar sinergísticamente como un todo a través de la Unión Europea. Y todo esto empezó precisamente con un puente ideado por dos entes idóneos. Uno de Francia y otro de Alemania. El uno se llamaba Jean Monnet y el otro Konrad Adenauer. Ellos tuvieron la visión de crear unidad y preservar la paz después de la Segunda Guerra Mundial a través de un vínculo comercial entre los países miembros en lo que se conoció como La Comunidad Europea del Carbón y del Acero.

Fue Jean Monnet quien dijo en una ocasión que "nada es posible sin los hombres, pero nada perdura sin las instituciones." De igual modo el éxito empresarial de carácter sostenido a largo plazo se crea sobre la base de nuestras relaciones con la gente y nuestra habilidad de institucionalizarlas o perpetuarlas a través de una disciplina procesal integral. Al decir esto no preconizo mecanizar las relaciones humanas. Por el contrario, creo que las relaciones más transcendentales se cultivan no al margen, sino sobre la base de la humanidad y de un espíritu genuino y espontáneo entre las partes. Cabe señalar, empero, que esto es tanto ciencia como es arte.

A nivel estatal la institucionalidad cobra aun mayor transcendencia pues sobre su fortaleza descansa en gran parte el desarrollo político y económico del país. En lo que concierne a lo netamente empresarial, la fortaleza comercial entre las partes que conforman un intercambio radica en la acertada y oportuna identificación de las necesidades y/o problemas existentes entre ellas así como en la creación, promoción y distribución de bienes y servicios que ofrezcan soluciones sensibles a dichos problemas.

Tanto la identificación de problemas como la búsqueda e implementación de soluciones debe hacerse a través de estructuras de investigación y desarrollo que le den carácter sistemático a la dinámica empresarial. Así y solo así podremos optimizar la cantidad y calidad de negociaciones realizadas dentro de un marco competitivo, legal y de responsabilidad social.

El proceso de investigación y desarrollo debe ser uno libre y abierto al cuestionamiento y escrutinio de reguladores, productores y consumidores. Un proceso de esa naturaleza, a su vez, galvaniza la confianza que es, sin lugar a dudas, el factor sine qua non de toda negociación.

Adoptando este proceso como regla los actores en determinado sistema no tienen necesariamente que probar antes de saber. Pueden, más bien, saber antes de probar. Esta posibilidad, de hecho, es lo que marca la gran diferencia entre el desarrollo y el subdesarrollo.

Fortalezcamos y creemos entonces las estructuras institucionales necesarias para que nuestro país continúe dando pasos irreversibles hacía el desarrollo balanceado y sostenible sabiendo que si bien "probando es que se sabe" es, a final de cuentas, mejor saber antes de probar. Para lograr esto es igualmente necesario eliminar los organismos redundantes del Estado que son cual cuello de botella en el proceso de crecimiento económico a nivel nacional e internacional.

Dinámica causal empresarial

No existe empresa sin razón de ser. La incorporación de un ente comercial está necesariamente precedida por una dinámica causal donde la presencia de una variable independiente da lugar al incremento o reducción, presencia o ausencia de una variable dependiente. Todo emprendimiento, sin excepción, se construye sobre ese cimiento.

Consideremos la relación positiva entre educación e ingresos per cápita, o la negativa entre meritocracia y corrupción. Sobre la base de la primera tesis un emprendedor decide abrir un centro de estudios en aras de captar la matrícula de aquellos que aspiran a un mejor futuro económico y social. Utilizando la segunda tesis como punto de partida el Presidente de determinado país implementa un régimen meritocrático en su gobierno en aras de reducir la corrupción y mejorar el desempeño burocrático.

Tanto el emprendedor como el Jefe de Estado ejecutan proyectos en función de lo que ellos entienden es una relación causal entre dos variables. Sin embargo, cabe señalar, que la causalidad es un concepto teórico e imposible de probar científicamente más allá de toda sombra de duda. No obstante existen una serie de condiciones necesarias, aunque insuficientes en sí mismas, para determinar causalidad. Una de ellas es la correlación entre variables. Ej.: si A aumenta, B disminuye.

Si bien la correlación es necesaria para determinar causalidad entre los factores A y B, no es suficiente pues puede que exista un tercer factor, C, que incida en la correlación observada. Analizando datos estadísticos podríamos observar que la venta de helados en Miami entra en apogeo al mismo tiempo que el número de personas que mueren ahogadas en las playas y piscinas de la ciudad. Sabemos que sería un absurdo establecer que la causa de las muertes por ahogamiento sea el aumento en el consumo de helados.

Es muy probable que exista otro factor, como una ola de calor, que sea, en efecto, lo que tenga un real nexo causal con los ahogamientos. Generalmente cuando las temperaturas aumentan la gente frecuenta más los balnearios. Entonces, en nuestro ejemplo, la ola de calor es una causa más probable y razonable que el aumento en la venta y consumo de helados.

Otra condición para determinar causalidad es el desarrollo de una secuencia de tiempo determinada entre lo que entendemos que es la causa del efecto y el efecto en sí. En otras palabras, la gallina antecede el huevo, no el huevo a la gallina. En lo que atañe a la dinámica de emprendimiento, la destrucción sucede como resultado de la creación de algo nuevo, mejor y relativamente más costo-eficiente. Este fenómeno fue denominado por el economista austríaco Joseph Schumpeter como destrucción-creativa. Pensemos en la necesidad que siempre ha tenido el hombre de transportarse. En el principio el hombre se transportaba a pies. Más adelante domesticó animales y se transportó a burro, a camello o a caballo. Hoy día todavía utilizamos todos esos medios de transporte, pero en un grado mucho menor que antes pues tenemos en nuestro haber automóviles, aviones, embarcaciones y hasta naves espaciales que nos permiten conquistar grandes distancias en menos tiempo. Este desarrollo progresivo en la industria del transporte evidencia no tan solo el componente determinístico, sino también la naturaleza gradual, exponencial, parcial o total de la destrucción-creativa schumpeteriana que se desarrolla sobre la tesis causal-empresarial. ¿Qué significa todo esto para el emprendedor del siglo XXI? Probablemente lo mismo que significó para el emprendedor del medioevo, el renacimiento y la industrialización del siglo XIX. Significa que todo lo que se crea tiene una causa perpetua, pero su existencia como tal no es por eso imperecedera.

Lo creado, una vez creado comienza a dejar de ser y será inminentemente desplazado por algo nuevo cuyo destino será, eventualmente, el mismo. El empresario exitoso, entonces, vive innovando al borde de lo nuevo y anclado en el centro de las causas perpetuas que emanan de la Causa sin causa que creó al hombre a su imagen y semejanza. Incorporemos, pues, entes comerciales en función de estas realidades causales, científicas y trascendentales buscando agregarle valor al ser humano al tiempo que nos lucramos y a la vez nos despojamos aferrándonos a aquellas cosas que el dinero no puede comprar y la muerte no se puede llevar. Todo lo demás tomémoslo como el que no quiere la cosa.

Sabiendo es que se emprende

Toda cosa es creada por lo menos dos veces. Primero en la mente de un emprendedor y después en el mundo material. El margen entre visualización y concretización parece ser, a veces, abismal. Pero ante esto no nos debemos amedrentar, sino investigar y desarrollar un plan de acción para la efectiva y expedita realización de nuestras ideas emprendedoras.

Muchas veces nos valemos solamente del método ensayo-error a la hora de probar suerte en el mundo del emprendimiento y la innovación. Visualizamos una idea a través del ojo de nuestra mente e inmediatamente nos lanzamos al mercado sin haber hecho estudios de factibilidad previos a la ejecución de nuestro proyecto. Ensayamos nuestras ideas cuasi aleatoriamente en diferentes mercados. Si el ensayo resulta en error ensayamos otra cosa u otro mercado. En caso de que el ensayo dé pie con bola continuamos implementando la idea y si continúa resultando factible nos expandimos.

Suena bien, pero la dinámica emprendedora sería mucho mejor si emparejáramos el método ensayo-error con uno de investigación y desarrollo. La investigación nos brinda una plataforma experimental a través de la cual podemos determinar cuáles ideas/ensayos/mercados tienen más probabilidades de éxito empresarial. Ese proceso de preselección le permite al emprendedor ser más eficiente, efectivo y certero en sus emprendimientos pues focaliza sus recursos de tiempo, espacio y materia en aquello que vale la pena. En síntesis, las investigaciones que se llevan a cabo con rigor científico tienen la capacidad de condensar la llama emprendedora en un rayo láser que esculpe, cual cincel de Miguel Ángel, el David del mármol.

A partir de las investigaciones realizadas el emprendedor inteligente establece estructuras de desarrollo. Reconoce que la idea y producto que oferta hoy tiene una vida útil que tarde o temprano dejará de ser. Por eso desarrolla toda una línea de productos a través de la cual diversifica sus inversiones, reduce el nivel de riesgo e incrementa concomitantemente las probabilidades de éxito. Ahora, se preguntará usted, en qué consiste exactamente el proceso de investigación y desarrollo. Consiste, simplemente, en el método científico que nos vienen enseñando desde la escuela primaria. Generalmente dicho método se resume en cinco pasos:

1. Observación
2. Hipótesis
3. Experimentación
4. Análisis
5. Conclusiones

El ejercicio de observación se hace a partir de una pregunta, inquietud y/o necesidad (acuérdese que la necesidad es la madre de la invención). Planteemos un ejemplo. Ante un incremento substancial en el número de personas en sobrepeso el emprendedor se pregunta cómo se puede atenuar este problema. Aplicando sus cinco sentidos observa los comportamientos y realidades circunstanciales que han dado lugar a ese fenómeno que tiene implicaciones contraproducentes al mejor interés de la gente. Sobre la base de sus observaciones e investigaciones se plantea varias hipótesis para solucionar el problema. Digamos que una de las hipótesis es que mientras más elevado el nivel de educación alimentaria y nutricional en una persona, menor es la probabilidad de que la misma experimente sobrepeso a lo largo de su vida.

En la hipótesis tenemos dos variables: una independiente (el nivel de educación) y otra dependiente (la probabilidad de experimentar sobrepeso). En función de las hipótesis planteadas el emprendedor realiza experimentos para comprobar su veracidad. Los resultados de dichos experimentos le permiten al emprendedor tomar decisiones sabias a la hora de lanzar un producto (como un programa de educación alimentaria y nutricional a nivel nacional) para solucionar el problema de obesidad en la población. Los experimentos arrojan data que al ser analizada se convierte en información relevante para la toma de decisiones empresariales. Por ende los instrumentos de análisis deben ser lo más objetivos posibles tanto en lo cualitativo como en lo cuantitativo. El fin es generar conocimiento para poder llevar acabo con éxito nuestro ansiado emprendimiento.

Obviando el método científico el emprendedor tiene que probar para saber. Implementando el método científico todavía tiene que probar para saber, pero con la gran ventaja de saber antes de probar. En otras palabras, el que no sabe es como el que no ve y el que prueba sin saber no sabe lo que es emprender.

Valor agregado

Todo bien que se oferta en el mercado puede ser vendido como producto primario o con valor agregado. El producto primario se utiliza como materia prima o insumo en la elaboración de productos con valor agregado. El azúcar y el cacao, por ejemplo, son insumos utilizados en la elaboración de chocolates gourmet en Suiza e Inglaterra. Ahora, la oferta de chocolate gourmet comprende una realidad de mercado muy diferente a las circunstancias que afectan a la oferta de azúcar y cacao en su estado primario.

El consumo de chocolate gourmet es significativamente sensible al nivel de ingresos del consumidor. Mientras más ingresos genera el consumidor, mayor su capacidad, probabilidad y voluntad de aumentar su consumo de chocolates gourmet. No así el consumo de productos primarios pues un consumidor cuyo ingreso aumente de un nivel de clase media baja a uno de clase media o media alta no aumentará necesariamente su consumo de azúcar y cacao como consecuencia de dicho aumento. En otras palabras, a medida que una sociedad se desarrolla económicamente aumenta su consumo de productos con valor agregado (Ej. ropas, conocimiento, automóviles y computadoras) mientras el consumo neto de productos primarios (Ej. sal, azúcar y harina) no se altera de manera significativa como consecuencia.

¿Qué significa esto para los países en vías de desarrollo? Significa que sino nos enfocamos apropiadamente en desarrollar la cadena de valor más allá del eslabón primario a unos de mayor y mejor valor agregado, perpetuaremos nuestra posición de desventaja comercial en el mercado nacional e internacional. Dicha desventaja comercial se ha materializado sobre la base de que, en sentido general, los países en vías de desarrollo venden materia prima para comprar productos manufacturados y con un alto nivel de valor agregado.

De manera que cuando consideramos los precios de nuestros productos de importación vis-a-vis los de exportación, nos damos cuenta que los primeros están significativamente por encima de los últimos. También es menester puntualizar que esa desventaja comercial se puede exacerbar como resultado de fluctuaciones desfavorables en la tasa de cambio y otros factores relacionados.

Determinísticamente para generar valor agregado a los bienes y servicios ofertados, primero tenemos que valorar y agregar valor al ser humano quien es el que valora, produce y consume dichos bienes y servicios. El ser humano recibe valor a través de la educación y la impartición de principios que focalicen sus instintos de poder, placer y dinero en gestas rentables, responsables y sostenibles a largo plazo. Por ende, nuestra sociedad debe valorar lo espiritual por encima de lo material si desea que los valores agregados vayan más allá de la producción de bienes y generen resultados de carácter trascendental conducentes al bienestar de la presente y subsiguiente generación.

Según el materialismo dialéctico o mecanicista los seres humanos se desarrollan en función de los modos de producción. Lo que quiere decir que las máquinas son la causa y el modus operandi del ser humano el efecto de dicha causa. Mas, de acuerdo al determinismo, una de las condiciones fundamentales para verificar lo que parece ser una relación causal es el desarrollo de una secuencia de tiempo determinada entre lo que entendemos que es la causa del efecto y el efecto en sí. En otras palabras, la gallina antecede al huevo, no el huevo a la gallina. Entonces, sobre la base de esa logística, el ser humano es el que tiene la potestad de darle cuerpo y forma a los modos de producción y cómo agregar valor a través de ellos.

Respecto a la realidad económica actual, en términos agregados se vaticina un crecimiento importante a nivel global en los próximos años. La participación de economías emergentes en dicha expansión económica dependerá de nuestra capacidad de ampliar, profundizar y galvanizar nuestra base industrial, empresarial, académica e institucional en pro del establecimiento de infraestructuras tangibles e intangibles para la creación, producción y comercialización dinámica y sostenible de productos de valor agregado. Reunir esas condiciones requiere de la colaboración concertada de la academia, las Iglesias, el Estado y el sector privado.

A esta coalición la denomino como la cuádruple hélice del desarrollo integral y multidimensional. Su razón de ser es impulsar al emprendedor con educación, financiamiento, consejería y protección a medida que éste busca amalgamar y transformar los insumos de tierra, capital y trabajo en valores agregados que coloquen a nuestras naciones en la lista de países desarrollados en el futuro cercano.

Productividad

La combinación óptima entre trabajo y capital es la marca distintiva de una economía altamente productiva. Sin embargo, muchas veces la productividad de un país o empresa se juzga a la luz de cifras aisladas donde sólo se considera la cantidad producida por hora de trabajo.

Si bien la productividad laboral es un indicador importante, tiende a reflejar una cifra inflada de rendimiento. Esto se debe a que no particulariza en la calificación y cuantificación de la diversidad de insumos presentes en el proceso de producción. Por ejemplo, un aumento en rendimiento por hora de trabajo puede resultar como consecuencia del aumento en la cantidad y calidad del capital utilizado en la producción de un bien o servicio y no necesariamente de un mejor desempeño del trabajador como tal.

Como modo de desagregar y, por ese medio, desinflar la cifra de rendimiento, en ciertas instancias recomendamos medir desempeño no simplemente con la producción por hora de trabajo, sino con una unidad de medida denominada "productividad total de los factores" (PTF). Este indicador evalúa la eficiencia con la cual el trabajo y el capital son utilizados.

Siendo la eficiencia la cantidad producida por cada unidad de insumo, la PTF se calcula como el incremento porcentual en la producción que no proviene de cambios en el nivel de insumos capitales y laborales. Lo que quiere decir que si los insumos de trabajo y capital aumentan a razón de 10% y la producción incrementa en un 15%, de acuerdo a la PTF el crecimiento sería 5%.

Es, entonces, la desagregación analítica de los factores de producción que nos permite diferenciar claramente entre meras actividades y verdaderas productividades. Por ende, más allá de la eficiencia productiva, el empresario debe perseguir la efectividad procesal e integral a largo plazo. Ésta atañe específicamente a los resultados, el tercer eslabón en la cadena operativa de una empresa.

Si por un lado la eficiencia comprende el número de productos por unidad de insumo, la efectividad operativa evalúa la producción en función de los resultados predeterminados que la empresa busca materializar. Esto, finalmente, quiere decir que una empresa puede ser eficiente en la investigación, desarrollo y producción de un bien o servicio. Mas, sino empareja su producción con un sistema de comercialización y herramientas de ejecución sensibles a los gustos, necesidades y capacidades del consumidor final, entonces no materializará el resultado predeterminado de ser líder en el mercado.

Economía orgánica adulterada

Hace unos años asistí a una conferencia sobre desarrollo económico en el Instituto Adam Smith en Londres, Inglaterra. Allí el economista Steven Horwitz disertó sobre la naturaleza del sistema de libre empresa y cómo el mismo ha sido adulterado por la implementación de políticas sintéticas que contrarrestan las capacidades de competencia y crecimiento sostenible. Según Horwitz el desarrollo de un sistema económico es similar a la de un cuerpo orgánico que tiene vida propia y opera en función de los factores endógenos y exógenos que conforman su cuadro existencial. Muchas de las políticas económicas adoptadas por Estados Unidos y Europa para hacerle frente a la crisis financiera global han ignorado la naturaleza orgánica del sistema al tratar de resolver los problemas de desempleo y poco flujo de capital de manera mecánica.

La implementación de políticas monetarias de carácter expansivo acompañada de una serie de políticas fiscales keynesianas y asistencialistas han retardado el crecimiento económico y relegado al sector privado a un segundo plano. Sin embargo la inyección de capital como modo de reactivar la economía es una medida popular entre los miembros de la clase política por varias razones. Por un lado el incremento del gasto público le permite al político de turno consolidar su poder por medio de programas estatales que representan un beneficio directo para importantes grupos sociales y magnates empresariales. En Estados Unidos, por ejemplo, el número de personas que reciben cheques del llamado Estado Benefactor incrementó de 26 millones en 2008 a 46 millones en 2012, año de elecciones.

A pesar de estos "regalos", la economía no ha mejorado en términos agregados. En comparación con 2008 el PIB de Estados Unidos ha bajado US$803 por cabeza y la deuda pública acumulada supera la riqueza devengada anualmente por el aparato productivo de ese país norteño.

En lo que tiene que ver con política monetaria, la Reserva Federal ha aplicado la herramienta de flexibilización cuantitativa para aumentar la oferta de dinero y disminuir las tasas de interés a largo plazo. Esto, a su vez, ha exacerbado el problema de la deuda ya que el acceso al crédito a bajo costo incentiva y facilita el endeudamiento por parte del gobierno. Por otra lado, un incremento no-modulado en la oferta de dinero es la receta clásica para el desorden inflacionario emparejado por una depreciación significativa en el poder de compra del circulante.

En cuanto al sector privado en el renglón de pequeñas y medianas empresas, el acceso a mercados de capitales no ha sido facilitado significativamente a pesar de las bajas tasas de interés existentes actualmente. No obstante, grandes empresas como General Motors, Solyndra y un gran número de instituciones financieras han recibido miles de millones de dólares en préstamos e incentivos fiscales.

A la luz de los resultados de la política fiscal keynesiana que se viene aplicando desde 2008, Estados Unidos necesita un cambio de dirección urgentemente. El sector privado debe nueva vez ocupar el primer plano y el empresario pequeño y mediano merece ser empoderado y no castigado por regímenes impositivos implementados por políticos que desconocen la fuerza sine qua non que genera empleos y crecimiento económico real y sostenible.

Los que generamos riquezas con el sudor de nuestras frentes sabemos que la economía es, en esencia, un ser vivo conformado por un sin número de unidades inteligentes que interactúan dentro de un cosmos preñado de complejidades en su mayoría resolubles a través de la fiel aplicación de la ley de oferta y demanda. Lamentable es el hecho que dicha ley es frecuentemente quebrantada por supra-unidades políticas analfabetas en economía e inexperimentadas en el arte de competir y hacer negocios de manera honrada y esforzada.

El poder de no ejercer

El alto ejecutivo que es certero y efectivo sabe liderar más allá de administrar. No es un megalómano, obsesivo-compulsivo; sino más bien es comprensivo, firme, seguro y desprendido. Se conoce a sí mismo; sus capacidades y sus límites. De hecho, mientras más se conoce, más razona y prioriza en función del principio socrático de "saber que no se sabe".

Considerando que la influencia es la quintaesencia así como la evidencia del liderazgo de su poder, el alto ejecutivo busca constantemente expandirla, llenarla y compartirla. Sabe que contenida en una sola vida la influencia entra fácilmente en decadencia, mas estratégicamente compartida crece de manera sostenida.

El líder establece y perpetúa su poder cuando no lo tiene que ejercer él necesariamente. Ciertamente, el poder verdadero e imperecedero se ejerce, muchas veces, indirectamente. Entendiendo esto el líder de líderes afecta el contexto en el cual sus actuales y potenciales seguidores piensan, juegan y se congregan.

Así cuando los adeptos ejecutan su poder individual lo hacen en función de la misión y visión que el líder ha articulado, desempeñado y efectivamente diseminado.

Esto crea, a su vez, un efecto multiplicador de inspiración y motivación que eventualmente se convierte en una cultura corporativa que brilla con luz propia.

En cambio el alto ejecutivo que se enfoca desequilibradamente en controlar y administrar erosiona su capacidad de liderar. Crea una estructura de dependencia donde él es el supremo sabelotodo y decídelo-todo. Con ese estilo abarca mucho, aprieta poco y a final de cuentas se le suelta todo.

Es, entonces, el ejercicio del poder una dinámica cuasi paradójica en la experiencia empresarial ya que el que lo descentraliza centraliza y consolida su influencia. Sin embargo, el que lo retiene demasiado compromete su legado y no disfruta lo mejor de la vida que toma lugar más allá del trabajo, en el hogar: con los humildes y con la familia. Pues bien lo dijo Salomón en el capítulo 16 del libro de Proverbios "mejor es humillar el espíritu con los humildes que partir despojos con los soberbios."

Engendro empresarial

Las empresas exitosas no se crean, se engendran. Con amor, pasión, compromiso, inteligencia y espontaneidad el emprendedor se arriesga y busca tornar la idea en palpable realidad. Su idea sobre papel es catalogada como audaz e improbable por los demás, mas cuando la empresa se materializa y se rentabiliza todos le dicen al emprendedor con una sonrisa "siempre supe que podías".

Como engendro la empresa exitosa tiene vida propia. Nace, se desarrolla, se multiplica y evoluciona buscando tomar el cuerpo y la forma de lo que funciona en un mercado donde el antes y después toma lugar en un dos por tres. La clave de su supervivencia está en superar el revés que le depara la inmediatez a través de un plan estructurado con un enfoque a largo plazo.

El engendro empresarial, así como el humano y el vegetal, se ocasiona fruto de la unión de dos cuerpos: la oferta y la demanda; la tierra y la semilla; el lápiz y el papel; el hombre y la mujer. Por eso el emprendedor exitoso no se vale por sí solo y forma un equipo que perpetúe su desarrollo.

Cual gen que transmite información de generación en generación, el ADN empresarial transfiere su esencia a través de las fusiones y adquisiciones que modifican constantemente su realidad. Ante la adversidad, el gen empresarial es dominante y recalcitrante hasta la saciedad. Ve la crisis como oportunidad, ve la luz en la oscuridad y separando la señal del ruido se diversifica y pone sus huevos en varios nidos.

Así, con el tiempo y en el tiempo, el engendro empresarial se constituye en una estirpe familiar de gran diversidad guardando siempre la unidad de la fe en la visión emprendedora de idear y procrear; de llamar lo que no es como si fuese, haciendo visible lo invisible y posible lo imposible.

Glocalización

Un modelo de negocios concebido en Occidente puede que no prospere en Oriente. En lo que atañe al mundo empresarial es preciso actuar localmente y pensar globalmente. De ahí nace el término que es el título de esta capítulo.

Si bien a final de cuentas la gente es gente y el dinero, dinero, la diversidad idiosincrática a nivel nacional, regional y global es significativa e incide marcadamente en la forma de hacer negocios. Por ende el empresario inteligente diseña su estrategia contextualmente poniendo su dedo en el pulso de las necesidades manifiestas y latentes en el corazón de sus actuales y potenciales clientes.

Compañías multinacionales como Walmart estudian su mercado local para mejorar y rentabilizar su modelo de negocios. Con más de 11,000 tiendas en 27 países, Walmart opera bajo un total de 55 marcas. En el caso de la India opera bajo el nombre Best Price, en Japón lo hace con el nombre Seiyu y en Inglaterra funge bajo la marca Asda.

Pero esto es mucho más que una estrategia de diferenciación de tipo nominal. Es, de hecho, real y se manifiesta en la oferta de productos, la empleomanía y la cultura de cada establecimiento. Los Walmart de la Ciudad de Miami, FL, por ejemplo, tienen una sección rotulada "Comida Hispana" donde se pueden encontrar gran variedad de productos de nuestra región incluyendo habichuelas dominicanas y sazón ranchero. Asimismo cabe señalar que todos los empleados que allí laboran hablan Español y conocen los gustos, modos y maneras de la clientela hispana que predomina en esa localidad.

No obstante el carácter camaleónico de las multinacionales, su misión, visión y valores son los mismos independientemente de la realidad cultural en la cual operen. En lo que a Walmart respecta, su receta de éxito se construye sobre una cultura corporativa frugal que utiliza su mega infraestructura para ofertar productos a precios de descuento.

Entonces a la hora de hacer negocios créale a Julio Iglesias el cuento de que "aquí hay que bailarlo todo sin perder jamás el paso" tomado en cuenta también que "el que mucho abarca poco aprieta y todo se le suelta." Dicho de otra forma, en los negocios sea flexible como el bambú y fuerte como el acero. Flexible en cuanto a la adaptación de sus nociones, gustos y preferencias, pero fuerte e inflexible en lo que tiene que ver con lo que lo hace único e irremplazable: sus valores, principios y propósito de vida.

Valorando lo invisible

Lo que se mide se consigue, mas lo que no se observa pocas veces acierta. Por lo tanto toda gesta empresarial debe nutrirse de la información generada por indicadores claves de comercio y desempeño. Ventas por pie cuadrado, producto por unidad de insumo, rentabilidad demográfica, productividad laboral a nivel individual y corporativo son, por lo general, algunos de los indicadores tradicionales que dotan al profesional de inteligencia empresarial para sus objetivos lograr.

Cabe subrayar que a la hora de medir es importante distinguir entre lo visible e invisible que incide en el desempeño que determinada empresa exhibe. En otras palabras, lo que no se ve es muchas veces el elemento clave en el éxito de una organización, mas por su carácter no visible es, en cierto grado, no medible.

Esto puede ser un gran problema en empresas donde imperan sistemas de medición a expensas de la necesaria discreción que necesita un profesional en su desempeño laboral. Pues cómo se mide objetivamente la creatividad, la intuición o la personalidad. La verdad es que para medir estos factores existen pocos indicadores que monitoreen su desempeño como lo hacen en la producción de caña que la miden por quintal por tarea de tierra cultivada.

Entendemos que en la actividad cañera los insumos, los productos y los resultados son perfectamente visibles y medibles. No así la actividad creativa que viene a ser visible y medible solo a nivel de resultados mientras que sus insumos y productos permanecen en el anonimato. Muchos sistemas de medición no toman esto en consideración y miden solamente lo que es perfectamente visible y consideran la creatividad invisible algo como cuasi reprensible. Como resultado muchos empleados trabajan en función de lo que se mide y terminan renegando las actividades importantes que no se miden.

Considerando que en el siglo XXI la creatividad invisible es y será el motor de nuestro éxito, nuestros líderes políticos y empresariales deben prestarle más atención a aquello que no se oye ni se ve. Así, valorando lo invisible, podremos innovar y lograr un nivel de desarrollo que nunca antes hemos visto ni oído ni concebido para bendición de la presente y subsiguiente generación.

Cuestión de pensamientos

Considerando que muchas veces en nuestro país adoptamos tecnologías para las cuales no tenemos una infraestructura para su efectiva difusión, uno de mis seguidores en las redes sociales puntualizó en un comentario que en República Dominicana a veces descartamos el principio de "lo primero es lo primero". En un mismo respiro el comentarista manifestó que "identificar eso - lo primero - sería un buen y necesario paso para marcar un norte en el modelo de desarrollo económico de RD". Su comentario concluye con una interesantísima pregunta: ¿qué es lo primero?

Fue Stephen Covey quien identificó "poner primero lo primero" como uno de los siete hábitos de gente altamente efectiva. Él mismo subraya de manera cuasi axiomática en uno de sus escritos que lo primero es el pensamiento. El pensamiento es la semilla, el coeficiente líder en la ecuación de la vida. Según la ley de siembra y cosecha dicha ecuación se desarrolla de la siguiente manera: siembra un pensamiento, cosecha una acción; siembra una acción, cosecha un hábito; siembra un hábito, cosecha un carácter; siembra un carácter cosecha un destino. En la predicha secuencia se considera la interrelación determinística de cinco cosas: pensamiento, acción, hábito, carácter y destino. El número cinco significa plenitud y de ahí proviene la palabra quintaesencia. De manera que nuestro modo de pensar es el elemento primordial y más relevante en nuestro desarrollo empresarial y multidimensional en sentido general.

El emprendimiento, entonces, es cuestión de pensamientos. Con esto dicho surge una nueva pregunta: ¿en qué debemos pensar? Contesto adhiriéndome a lo establecido por el Apóstol Pablo en el libro de Filipenses cuando dice "todo lo que es verdadero, todo lo honesto, todo lo justo, todo lo puro, todo lo amable, todo lo que es de buen nombre; si hay virtud alguna, si algo digno de alabanza, en esto pensad." Poniendo tales pensamientos primero y en el corazón de nuestras políticas públicas y privadas nos granjearemos, más temprano que tarde, el desarrollo balanceado y sostenible a través de los tiempos.

Tecnología del emprendimiento

La tecnología es, en esencia, la aplicación del conocimiento generado por la ciencia y la experiencia. A través de ella buscamos optimizar la conjugación de trabajo y capital en la producción y administración de bienes y servicios. El emprendimiento, por su parte, es una dinámica creativa-destructiva donde lo nuevo que es mejor y más costo-eficiente destruye y desplaza a lo viejo de inferior desempeño. La relación entre estos dos fenómenos es indisoluble pues la tecnología es una de las herramientas de mayor relevancia para el emprendedor y los emprendimientos son los que usualmente dan lugar a la creación e implementación de nuevas tecnologías.

En los últimos quince años varias economías latinoamericanas han sido relativamente diligentes en adoptar nuevas tecnologías y nutrir a través de la innovación la cultura de emprendimiento en nuestra región. Sin embargo, el carácter desbalanceado del desarrollo económico en nuestros países obstaculiza la difusión y efectiva utilización de dichas tecnologías al tiempo que debilita el espíritu emprendedor en nuestros respectivos aparatos productivos.

Esto se debe a que las nuevas tecnologías se construyen por lo general sobre la base de infraestructuras idóneas para su masificación. Por ejemplo, se necesita un sistema de generación y distribución de electricidad lo suficientemente confiable para poder digitalizar la operación de una institución gubernamental o empresa privada. En la ausencia de tales infraestructuras la adopción de tal o cual innovación tecnológica viene a ser cual "la sal que cuesta más que el chivo" pues no se puede difundir a gran escala y el costo termina siendo mayor que el beneficio.

Para solucionar este problema debemos perseguir un modelo de desarrollo económico y empresarial que vaya de la mano de la realidad circunstancial de nuestros países. Este balance se logra utilizando como punto de partida una agenda de prioridades sensibles a las necesidades y aspiraciones del emprendedor tanto del campo como de la ciudad. Así y solo así podremos avanzar hacia la ejecución de tecnologías de vanguardia en nuestro modo de hacer negocios y por ese medio galvanizar una cultura de emprendimiento y de enriquecimiento balanceado y sostenible a través del tiempo.

Ética empresarial

La ética es la espina dorsal de toda gesta empresarial. A veces lo que parece ser un coloso corporativo termina siendo un molusco industrial desprovisto de un código moral que regule y module su afán de lucro. Sin escrúpulos, el molusco empresarial trastoca las buenas costumbres para aumentar sus márgenes de beneficio sin importar a quien cause perjuicio. Ya sea en calidad de cliente, empleado, financista o proveedor, el que se asocia con un empresario falto de facultades éticas y morales, terminará en una situación donde cunden los pesares.

Ahora, cómo identificar a este tipo de empresario en la vorágine cotidiana del mundo actual. Existen varios criterios de los cuales enunciaremos tres. Primero, el molusco empresarial es cual pulpo que abarca mucho, aprieta poco y al final se le suelta todo. En otras palabras, promete más y hace menos. El empresario moral con columna vertebral, en cambio, maneja las expectativas al revés: promete menos y hace mucho más.

Segundo, el molusco empresarial esconde su fragilidad moral con un caparazón de fingida responsabilidad social. Para descubrir lo que protege la cubierta es menester embestirla con la vara del escrutinio institucional que responde al mejor interés del consumidor y no sucumbe a propagandas publicitarias que buscan tapar actividades de carácter perjudicial para la sociedad.

Tercero, el empresario invertebrado responde ciegamente a la tesis maquiavélica del fin justifica los medios. Con el objetivo de mantener el terreno de juego desnivelado a su favor, pone a la competencia fuera de circulación usando medios deshonestos entre los cuales está abaratar sus productos por debajo del precio de mercado para después subirlos con márgenes injustificados.

Siendo la ética lo que genera confianza la cual es, a su vez, el activo más importante de una corporación ante sus clientes, no debemos comprometerla directa o indirectamente bajo ninguna circunstancia.

Por lo tanto, cuidemos la moral y la ética cuidando lo que hacemos, como lo hacemos y con quien lo hacemos. Este cuidado empieza por lo que vemos y como lo vemos. Pues una cosa es ver con el ojo y otra es ver a través de él. Cuando vemos meramente con el ojo nos valemos solamente de los instintos del placer, del poder y del tener. Cuando vemos con la conciencia y a través del ojo supeditamos esos instintos a principios de ética, moralidad, responsabilidad y ecuanimidad.

No permitamos que los instintos nos dominen. Dominémoslos nosotros a ellos alimentando y ejercitando el poder de la conciencia, íntegra e incorruptible.

La empresa: antítesis de la pobreza

Así como la luz desplaza a las tinieblas, la empresa tiene el potencial de reducir los niveles de pobreza. Su incorporación, expansión y efectiva operación puede generar un efecto multiplicador que echa a un lado la carestía y hace espacio para una mejor calidad de vida.

Esa realidad la vemos en China donde la liberalización de la actividad empresarial promulgada inicialmente por Deng Xiaoping en 1978 ha sacado a más de 500 millones de individuos de la pobreza.

Asimismo podemos observar la relación negativa entre emprendimiento y pobreza en Venezuela. Allí los síntomas de pobreza fueron disfrazados por varios años gracias a los petrodólares y la política clientelar / paternalista del extinto Presidente Chávez.

De hecho el porcentaje de la población venezolana viviendo en pobreza decreció a razón de cinco puntos porcentuales durante el período 1999-2013. Ese decrecimiento, sin embargo, parece estar revirtiéndose desproporcionadamente ya que su causa inicial no fue fruto de un desarrollo económico real y sostenible, sino de políticas asistencialistas de carácter cortoplacista.

Estudios económicos indican que la expansión del Estado benefactor y su concomitante incremento en la tarifa fiscal a las empresas resulta en un descenso equivalente en la actividad empresarial. Aquellos que abogan por la expansión del Estado argumentan que un aumento en las recaudaciones del gobierno le permite al mismo redistribuir la riqueza más equitativamente y así reducir la pobreza.

No obstante, si bien las políticas de asistencia social son necesarias en cierto grado, su ejercicio desbalanceado tiende a causar más daños que beneficios. Esto se debe, entre otras cosas, a que las transferencias pecuniarias que emanan del Estado provienen del erario y su distribución a sectores indigentes tiene muchas veces un alto costo transaccional.

Esto quiere decir que cada peso que recauda el Estado con fines redistributivos no tiene el mismo peso a la hora de ser distribuido. En otras palabras, el Estado tiene una cubeta con agujeros; cuando saca agua de la cisterna del erario derrama y se bebe gran parte de ella a medida que transporta la cubeta hacia la cisterna del indigente y eso no lo debe aplaudir la gente.

Por su parte, el empresario comienza su actividad con recursos a cuentagotas para eventualmente generar rentas que llenen cubetas, cisternas e inmensas represas capaces de extinguir irreversiblemente el fuego calcinante de la pobreza.

Sinfonía empresarial

La empresa es cual orquesta compuesta de una diversidad de instrumentos. Al entrar en función los instrumentistas se rigen por la misma composición bajo la batuta del director. Éste los unifica indicando el tiempo y el modo de ejecución de las notas musicales. Batuta en mano, llamando la atención de las cuerdas, vientos, metales y percusiones, el director infunde aliento de vida a las más bellas sinfonías que, en tres o cuatro movimientos, conjugan todo un universo de ideas y emociones que, concomitantemente, comprenden y transcienden la complejidad multidimensional de la experiencia humana.

Similarmente la empresa opera como un todo motorizado por sus partes individuales bajo la dirección general de un ejecutivo que la conduce a un destino predeterminado. El ejecutivo no es necesariamente un experto en cada una de las partes individuales que dirige así como el director musical no es un virtuoso en todos los instrumentos que componen su orquesta. La efectividad directiva no consiste, entonces, en saber más que todos los demás, sino en saber conjugar a todos en un todo en función de la especialidad de cada uno bajo una misma visión y misión de manera que el todo termine siendo más que la suma de sus partes individuales.

Esa visión de liderazgo empresarial se encapsula en el concepto denominado sinergia. Cuando una empresa opera bajo una cultura sinergística los líderes dentro de la organización dirigen a seguidores que son, a su vez, líderes. Esto da lugar a un crecimiento exponencial que se desarrolla en una estructura de unidades empresariales especializadas en la realización de tareas específicas. Dichas unidades pueden operar como dúos, tríos, cuartetos o sextetos en ciertos proyectos y no necesariamente como miembros de la orquesta general per se.

Si bien bajo esta estructura los miembros de la empresa gozan de cierta discreción interpretativa, cada uno debe ser fiel a la partitura en lo que atañe a la misión, visión y valores de la organización. Cada una de las unidades empresariales especializadas, llámese unidad de investigación y desarrollo, unidad de producción o unidad de comercialización deben actuar en sincronía así como lo hacen las cuerdas, vientos, metales y percusiones en una sinfonía.

En otras palabras, si bien la segmentación de las actividades empresariales es fundamental para la optimización de las mismas no debe ser también un obstáculo para su efectiva integración misional, sino todo lo contrario. En esta dinámica empresarial coexisten las premisas "la unión hace la fuerza" y "divide y vencerás." El fin de la empresa debe ser, entonces, crear unidad en la diversidad de competencias corporativas de manera rentable, responsable y loable tanto a lo interno como a lo externo de la organización.

Jesucristo, emprendedor

En la temporada navideña celebramos el nacimiento del Verbo hecho carne; el emprendimiento más trascendental en la historia de la humanidad. Dicho suceso desató un proceso creativo-destructivo de carácter superlativo en la mente, alma, cuerpo y corazón de cada individuo. Lo caracterizo como tal sobre la base de que el nacimiento, muerte y resurrección de nuestro Señor creó una estructura relacional directa, personal e incondicional entre Dios y el hombre. Destruyendo los obstáculos intrínsecos y extrínsecos que imposibilitaban una relación íntima con su Creación, Jesucristo habitó entre nosotros como el emprendedor más vanguardista y radical de todos los tiempos rasgando el velo del templo y dándonos pleno acceso al trono de la gracia.

Con un evangelio preñado de oxímoron donde a veces se gana perdiendo y se vive muriendo, nuestro Señor marcó un antes y un después poniendo al derecho el revés que se documenta en Génesis 3. Análogamente nuestra misión como emprendedores se casa con la esencia del Evangelio cristiano pues, como Jesucristo, buscamos ser el puente entre la necesidad y la solución; entre la oferta y la demanda.

Si bien es cierto que todos buscamos ser los héroes y heroínas que salvan el día, muchas veces no sabemos lo que conlleva fungir en dicho rol. En una ocasión Santiago y Juan le pidieron al Señor Jesucristo que les permitiese sentarse uno a su derecha y otro a su izquierda en el esplendor de su gloria. El Señor replicó diciendo "no sabéis lo que pedís . . . el sentaros a mi derecha y a mi izquierda, no es mío darlo, sino a aquellos para quienes está preparado."

En otras palabras los honores y grandes oportunidades no se granjean a pedir de boca, sino a través del sacrificio y la preparación. Pero a qué tipo de preparación y sacrificio se refirió el Señor Jesucristo. Él mismo le despejo toda duda sobre el particular a Santiago, Juan y a toda la humanidad cuando dijo "el que quiera hacerse grande entre vosotros será vuestro servidor, y el que de vosotros quiera ser el primero, será siervo de todos."

Es entonces el espíritu emprendedor esbozado por Jesucristo uno que antepone el amor y el servicio sobre el reconocimiento y las riquezas que tantas veces nos ciegan a la importancia de aferrarnos a aquellas cosas que el dinero no puede comprar y la muerte no se puede llevar.
 De manera que emprender en el sentido Cristiano se trata más bien de saber desprendernos de lo vano y perseguir nuestro propósito altruista con corazón en mano.

Sea cual sea la convicción de cada uno, la encarnación de Dios en Jesucristo repercute positivamente en la vida de todos brindándonos el regalo de redención que nos permite ser mejores emprendedores y precursores de un futuro mejor. Por lo tanto, parafraseando al Apóstol Pablo, en lo que queda de este año, en el próximo y subsiguientemente, no nos conformemos al patrón de este mundo que tiende a desplazar lo importante con lo urgente. Por el contrario, renovemos nuestras mentes y miremos más allá de lo bueno para lograr lo excelente.

Cuarta Parte – Desarrollo Personal

Viviendo correctamente

El que hace lo malo busca lo bueno. El adultero busca placer, el ladrón dinero y el megalómano poder. El poder, el placer y el dinero son cosas buenas en sí mismas, mas los medios utilizados para su obtención y puesta en ejecución puede que contaminen su naturaleza benévola. Está a discreción del individuo hacer lo correcto correctamente o hacer lo correcto incorrectamente.

Lo correcto obtenido incorrectamente destruye a quien inicialmente beneficia. El ladrón para en la cárcel, el adultero infectado con enfermedad venérea y el megalómano ajusticiado. ¿Por qué entonces tantos sucumben ante la tentación de seguir malos caminos para llegar a buenos destinos? Simplemente porque parece más facil tomar atajos en el mundo bajo que escalar peldaños paso a paso haciendo bien y no haciendo daño.

Vemos en películas, en famosos clubes y portadas de revista a aquellos que han tomado atajos en el mundo bajo y aun así son celebrados. Pero esas imágenes captadas con el parpadear de una cámara fotográfica o el rodaje de un vídeo-film no recogen la esencia del ser humano la cual se encuentra encapsulada en su alma, mente y corazón. De manera que lo celebrado por el lente de los medios populares no debe ser el primordial referente para elegir los caminos a seguir para triunfar material, espiritual y relacionalmente. Esto es si queremos captar la plenitud de nuestra experiencia existencial en el breve tiempo y espacio que ocupamos durante nuestra vida natural.

Es lo revelado por las placas radiográficas del alma que nos da un cuadro verídico para la sabia toma de decisiones conducentes al éxito multidimensional y sostenido. Dicha radiografía pone en evidencia nuestra naturaleza instintiva de ser, hacer y tener. Pero, sobretodo, pone al descubierto un vacío en el mismísimo centro de nuestro ser que tiene la forma de Dios y, por ende, solo Dios lo puede llenar aunque nos pasemos toda una vida tratando de obviar esa ineludible realidad.

Así como un músico necesita una partitura para ejecutar correctamente las notas musicales, el ser humano debe regirse por un código de valores y verdades que focalicen y modulen su naturaleza instintiva. Por sí solos los instintos son peligrosos ya que los impulsos de ser, hacer y tener pueden fácilmente desviarse en impulsos de mentir, de robar y de matar. Supeditada a principios de responsabilidad, ética y moralidad, nuestra naturaleza instintiva opera en función de nuestro mejor interés aunque en el corto plazo el lente fotográfico indique lo contrario. A final de cuentas, cuando todo está dicho y hecho, cuesta más hacer lo correcto incorrectamente que hacerlo correctamente así como cuesta más la ignorancia que la educación, y la mediocridad que la excelencia. El buen carpintero mide dos veces y corta una sola vez. El mediocre mide una sola vez al ojo-por-ciento y entre corte y corte sus esfuerzos se los lleva el viento por falta de estructura y disciplina procesal.

Llevemos, entonces, una vida de procesos correctos haciendo el bien en busca de lo bueno y no justificando medios deshonestos con fines aparentemente benévolos. Optemos por la integralidad de los fines, los medios, el "yo" interno y el Padre nuestro que está en los cielos.

Hombres de compromiso

Lo que se ve fue hecho de lo que no se ve. Para bien o para mal, lo que concebimos en lo interior es materializado en lo exterior. De manera que podríamos argumentar que lo que se hace es producto de lo que se piensa.

Análogamente, los hábitos son producto de patrones de comportamiento que a su vez definen el carácter y porvenir de una persona o grupo de personas.

Predecir el futuro acertadamente no es, a final de cuentas, una tarea imposible. Basta considerar el pensamiento y modo de proceder de determinado ente social para vaticinar su destino; prístino o profano, el mismo ha de ser idéntico a su propietario. Ahora ¿qué determina cómo pensamos? ¿Será lo que escuchamos, lo que vemos o lo que deseamos?

Evidentemente el grado de correspondencia entre lo que se difunde masivamente en los medios de comunicación y el comportamiento de esta generación es sumamente significativo. Analizando texto, contexto y subtexto podríamos catalogar mucha de la música popular como música amoral. Lo mismo se puede decir de las carteleras de películas que se sirven en bandeja de plata, atractivas y entretenidas, pero de contenido podrido y desnutrido; fatal para la materia gris aunque al verlas uno se sienta feliz como una lombriz.

Pero sentirse feliz es bueno ¿no? Desde luego, siempre y cuando el sentimiento de felicidad no este seguido de una resaca corporal, intelectual y/o espiritual. Por eso es preciso diferenciar entre sentirse feliz y estar gozoso. Pues por un lado el sentir es, en efecto, efímero. El estar, en cambio, puede llegar a ser perenne. Eso es así como el interés y el compromiso; el instinto y el principio; la rapidez y la velocidad.

El interés y el compromiso

En sentido general todos los seres humanos estamos interesados en bajar de peso y/o tonificar el cuerpo, ganar mejor sueldo, y tener una mejor relación con nuestras cónyuges, familiares, amigos y compañeros de oficio. Todos estamos interesados en esas preciadas cosas, pero una cosa es estar interesado y otra es estar comprometido a pagar el precio para obtener el preciado premio.

A diferencia del interés, el compromiso se ejerce independientemente de cómo uno se sienta; el compromiso es un estado de 'ser' no de 'sentir.' De hecho, el compromiso, no el interés, es el modo de vivir que se corresponde con nuestra naturaleza humana en su estado original pues somos, en esencia, seres humanos no sentimientos humanos.

¿Qué quiere decir esto? ¿Qué los seres humanos no tenemos sentimientos? De ninguna manera. Los seres humanos sí tenemos sentimientos, el problema está en permitir que los sentimientos nos tengan a nosotros. Si permitimos tal cosa nos constituimos en seres incapaces de vivir una vida de compromiso; nos convertimos en seres que sienten y mienten.

¿Cómo así que sienten y mienten? Bueno, un ser humano poseído por sus sentimientos puede fácilmente confundir el 'sentir' con el 'estar.' Es por eso que muchos dicen estar enamorados cuando lo que en verdad están es meramente interesados. Tales personas después de congraciarse y experimentar con la parte que le interesa, la desecha y prosigue sin compromiso hacia otro sitio, proyecto y/o relación de su interés.

Los instintos y los principios

El hombre que vive instintivamente sin supeditar sus deseos marginales a un conjunto de principios centrales está destinado a ser un hombre inconstante, sin columna vertebral; uno con el cual el prójimo no puede contar a la hora de la verdad. Muchos practican ese estilo de vida que se vale de los estímulos externos y no de principios internos e imperecederos. Tal modus operandi es fácil de sostener pues equivale a seguir el camino de menos resistencia. Esto es peligroso pues, como dijo Don Quijote en una ocasión, "lo que cuesta poco se estima en menos." Los principios, en cambio, cuestan caro pues se adquieren e internalizan a través del sacrificio, la disciplina y la cultivación de una relación personal con nuestro Creador.

La rapidez y la velocidad

En ciencias físicas se nos enseñó que la rapidez es la frecuencia con la cual un cuerpo cambia de posición. La velocidad es, en cambio, rapidez con dirección. De modo que la dirección es, si se quiere, la que le da propósito de destino a la rapidez.

Por lo tanto, amigos, os exhorto a vivir una vida de interés con compromiso, utilizando los instintos dentro del marco de los principios, a pasos firmes y veloces no rápidos y precoces procediendo como el que da coces contra aguijones.

Para logar esto es menester considerar lo que vemos y escuchamos en función de lo que queremos cosechar, mejorar o eliminar en nuestras vidas. En el proceso, tengamos nuestras expectativas claras. No esperemos resultados diferentes a los que hemos obtenido anteriormente si continuamos envueltos en ocio vanidoso, en los vicios y en los vanos oficios.

El sabio Rey Salomón puntualizó que "como el perro que vuelve a su propio vómito es el necio que repite su necedad." Es hora de dejar atrás las necedades y mocedades que por tanto tiempo han obstaculizado el desarrollo de nuestra plenitud espiritual, éxito empresarial y estabilidad familiar. Es hora de forjarnos un presente y un futuro preñado de bendiciones las cuales damos a luz para ser bendecidos y al mismo tiempo servir de canal de bendición en profusión inagotable.

Parámetros relacionales

Las relaciones humanas juegan un rol central en el desarrollo personal y el éxito multidimensional. Lamentablemente muchas veces se abordan de manera aleatoria sin un plan de acción para su saludable crecimiento y fructificación.

Es bueno saber que existen parámetros predeterminados para cultivar buenas relaciones. El primero es conocer sobre la persona o entidad con la cual se busca establecer una relación. Fíjese que digo "conocer sobre" no "conocer a" pues para conocer a una persona ya se necesita estar en una relación con la misma. Sin embargo conocer preliminarmente sobre la persona puede que facilite la consecución de una provechosa relación.

El segundo parámetro que quiero compartir es el de emprender las relaciones con un espíritu de dar antes que recibir. Esto se ajusta a la ley de siembra y cosecha. Interesantemente cuando uno da desinteresadamente recibe mucho más en retorno.

Para desarrollar esa virtud tenemos que ver más allá de nuestra vista de ojos y emplear nuestra visión de mente, alma y corazón. Si nos dejamos llevar simplemente por lo que perciben los ojos optaremos por comernos la manzana antes que sembrar la semilla. A simple vista la manzana es más grande y jugosa que la diminuta semilla.

Mas la visión de mente nos revela que la semilla contiene innumerables manzanas las cuales a su vez contienen semillas. Con esa información solo nos queda encontrar buenas tierras para sembrarlas y reproducirlas.

Cuando se obvia la ley de siembra y cosecha la gente quiere vivir de terrenos que no han cultivado. A final de cuentas, empero, esta ley es inquebrantable y el que intenta transgredirla tendrá que pagar con creces al dueño de la tierra cuando venga a redimirla.

En tercer y último orden, tenemos que ser sensibles al hecho que en algunas relaciones el hielo es irrompible, no sucumbe ante los golpes. No así ante el calor humano expresado con corazón en mano. Ante esto el hielo queda totalmente derretido, convertido en fluido retroalimenticio que sirve de carburante para encender el motor de arranque de una relación saludable.

Lo que quiero decir es que algunos hielos se rompen, otros se corrompen, unos pocos se derriten. Todo depende de lenguaje relacional que se hable entre las partes. Hace unos días mientras leía mensajes en Facebook me topé con una nota que decía "algunas mujeres se enamoran con una canción, otras con un beso . . . para todas las demás existe MasterCard."

De más está decir que estoy en desacuerdo con esa premisa pues el amor es una de esas cosas que el dinero no puede comprar y la muerte no se puede llevar. No obstante el postulado articula jocosamente la realidad sobre las diferentes maneras de entablar relaciones en función de lo que en esencia motiva a la gente a interesarse en lo que aposenta nuestra mente, corazón, cuenta de inversión o cuenta corriente.

Es preciso saber, de buenas a primeras, que lo que se utilice para entablar la relación es lo que se necesitará en el mediano y largo plazo para mantenerla. Por eso una cosa es convencer y otra engatusar. El que convence genuina e inteligentemente persiguiendo el mejor interés de la gente tendrá buenas relaciones a lo largo de su vida y la de su familia. El que engatusa maliciosamente dando gatos por liebres, aunque en el corto plazo prospere terminará en pobreza de espíritu y sin amigos que sean fuente de real regocijo.

Más vale, entonces, construir relaciones sobre lo blando que esconde el pecho. No sobre la base de cirugías estéticas que hacen y descubren pechos. Tampoco con tarjetas de crédito que compran derechos ajenos.

Ventanas por espejos

Cavilando sobre su actual estado mira a través de la ventana. Divisa, a lo lejos y a lo cerca, personas, lugares y circunstancias del pasado que son la voz de su presente y el eco de su futuro. Las manecillas del reloj conjugan sus tiempos en relación de causa y efecto dejando atrás con desafecto a la Causa sin causa de su mortal existencia; la razón de ser de su eterna quintaesencia. Concomitantemente, dichas manecillas arrastran las mentiras de una verdad adulterada por una vida desenfrenada y de inseguridad colmada a pesar de haber sido para glorias destinada.

Ventana digna de culpa la que lo llevó a exculparse y culpar a aquel, aquella o aquello que sucedió en el pretérito pluscuamimperfecto de su niñez, juventud y adultez. Ahora el viejo, en su vejez, señala, a través de la ventana, a fulana quien fue la culpable de que mengana lo dejara.

Ante esto, Sor Juana, desde el cielo, lo interpela, diciendo "'hombres necios que acusáis a la mujer sin razón sin saber que sois la ocasión de lo mismo que culpáis." Solapando con versos su vergüenza, el viejo le contesta: "En perseguirme, Juana, ¿qué interesas? ¿En qué te ofendo, cuando sólo intento culpar a otros por mis vilezas? No te metas en lo que no te interesa o ¿serás acaso tú la Madre Teresa?"

Fue desde aquella etapa prístina de tiempo y espacio que se forjó, despacio, aquel espacio de rencor en el mismísimo centro de su corazón; espacio que creció y sigue creciendo al pasar de los años; espacio que crece a ritmo acelerado el día de su cumpleaños.

En ese espacio fue el padre que dio el primer picazo cuando el hijo le preguntó por qué había llegado tarde a su fiesta de cumpleaños. A lo que el padre, con desafecto y sin felicitarlo, le replicó, como lo había hecho antes, diciendo: "Es culpa de tu madre el que haya llegado tarde de manera que no tengo que disculparme. Bye, mi hijo, nada más vine por mis cosas. Adiós, ya se me hace tarde para . . . bueno, no te tengo que dar explicaciones. Ve donde tu madre; celebra con tu madre. Adiós."

Así el niño, que hoy es viejo, se fue familiarizando cada vez más con las excusas y se hizo un experto en el arte y la ciencia de justificar lo injustificable y tildar a otros de culpables. Hoy ejerce su pericia desde la ventana señalando con el dedo. Ignora el espejo; ignora la oportunidad transformadora de verse a sí mismo y tomar las riendas de su destino a través del análisis introspectivo de la razón que sana el corazón y libera el alma.

Muchos, como el niño que hoy es viejo, se pasan la vida señalando por la ventana hasta que un día no ven ni a lo lejos ni a lo cerca, las personas, lugares y circunstancias pasadas. En la ausencia de cosas y personas a quien culpar se ven compelidos a reflexionar. Algunos, como el viejo, ignoran el espejo y confunden la pistola con el dedo acusador. Al hacerlo se señalan y después . . . se matan. Otros, sabios, toman el espejo, dejan las excusas, y toman la vida como musa para servir, amar y echar a un lado el culpar.

Amigo lector, ¿ve usted hoy a través de ventanas que lo llevan a conclusiones viles, inmorales, mentirosas e injustificadas? No vague más por esas sendas y quítese las vendas que lo hacen ciego al espejo de la verdad; la única verdad; la verdad capaz de darle libertad y plena felicidad.

Llena el blanco

Es la fuerza motora del capitalismo. Esa posibilidad que echándole ganas se convierte en realidad en un sistema donde la competencia es la orden del día y la excelencia su protagonista. Esa mano invisible que nos empuja y ayuda a seguir hasta conseguir la victoria que luego se convierte en motivo para emprender una nueva lucha. Es esa cosa que lleva por nombre "*llena el blanco*."

Desde graduarnos de la universidad, empezar una nueva empresa y hasta crear nuestra propia familia ese "*llena el blanco*" mantiene los componentes de la economía operando a todo dar. Sin necesidad de que nada ni nadie nos diga individualmente qué hacer ni cómo hacerlo esa voz interior nos motiva a dar el todo por el todo para llenar ese blanco con nuestra marca original, única e irremplazable.

Triste es el caso cuando permitimos que esa voz interior se convierta en un mero eco de lo exterior dejando que otros llenen nuestro *blanco*, escriban nuestra historia y frustren nuestros sueños. Tales casos suelen suceder cuando el blanco no esta bien definido; cuando se vive la vida sin propósito y sin ambición. Ahí es cuando vienen ellos: los que dividen, matan y roban usando nuestras fuerzas como peldaños para alcanzar sus objetivos unipersonales. En cambio, si tenemos un blanco definido creamos un radio de protección ante esos entes. Con el blanco ya establecido sabemos hacia donde lanzar nuestros dardos y eventualmente ejecutamos el tiro certero que nos da la victoria.

Ahora, mucho ojo amigo lector. No seamos como el conquistador que conquistando su conquista se vuelve en esclavo de lo que conquistó. Si permitiésemos que eso suceda no estaríamos definiendo el blanco, el blanco nos estaría definiendo a nosotros y tarde o temprano con un tiro certero nos convertimos en su víctima. Así sucede cuando nos dejamos cautivar por la hija ilegítima del capitalismo: la avaricia. Ella, con su atractiva cadencia y picardía, nos envuelve en un afán desenfrenado que día a día nos lleva a adquirir riquezas con el mero propósito de atesorarlas. Eso a final de cuentas es, como dijo el predicador, vanidad de vanidades.

Recordemos que el blanco no es más que un breve espacio entre el día que llegamos a este mundo y la hora ineludible de nuestra muerte. Oportunidad solo hay una de llenarlo. Está a discreción nuestra qué escribir. Tomemos pues la pluma de la vida mientras vida tengamos y escribamos valientemente nuestro propio libreto con espíritu altruista e innovador sobre todas las cosas.

Ganadores de nacimiento

Le ganaste la carrera a cientos de millones que nadaban infatigablemente con el mismo objetivo. En relación a tu diminuto tamaño, la hazaña a desempeñarse era larga y difícil, pero lo hiciste: naciste. Hoy, lo que antes fue una pequeña semilla nadadora, es todo un ser humano capaz de leer estas líneas y hacer suyo el mensaje que a través de ellas se transmite; mensaje que contiene la verdad de lo que somos: ganadores de nacimiento en glorias y portentos.

De hecho, desde siempre, mucho antes de que fuésemos y seamos, ya somos. Y fue adrede que finalicé lo antedicho conjugando el verbo "ser" en el presente, precedido por el adverbio de tiempo "antes"; e hice esto refiriéndome a la realidad circunstancial preeminente en la existencia de cada uno. Referirme a lo que todo el mundo es sin conocer a cada uno en lo particular puede ser, quizás, un gran atrevimiento de mi parte. Ahora, para conocer lo que todo ser humano es, no es necesario saber cuánto tiene este en el banco, a qué grado llegó en la escuela, o cuál es su apellido.

Intrínsecamente, somos lo que somos y no lo que hacemos. Somos, en esencia, seres humanos. A pesar de esto, la sociedad determina nuestro valor de acuerdo a mundanos haberes e insignificantes quehaceres. De manera que si hacemos algo y ese algo fracasa, a los ojos del mundo somos unos fracasados. En otras palabras, el mundo equivale el "ser" con el "hacer" y, en consecuencia, millones de seres humanos terminan fracasados; renegando la verdad de lo que son y aferrados a la banalidad de lo que tienen o no tienen. Peor aun es cuando el hombre se deja poner el título de fracasado y deja de intentar convertir sus sueños en realidad. Ya que, como es evidente, la historia la hacen los que fracasan y no se dejan definir por el fracaso de tal o cual empresa, sino que utilizan la experiencia como peldaño al éxito.

Juan Pablo Duarte disolvió La Trinitaria y creó la Filantrópica; Thomas Alva Edison fracasó cientos de veces antes de dar en el clavo y crear el bombillo; los hermanos Wright se estrellaron en numerosas ocasiones antes de volar; y Dios establece en su palabra que si siete veces cae el justo Él, con sus omnipotentes manos, lo levantará y lo guiará por senda de rectitud.

Ganadores es lo que somos. Sin embargo, todos, sin excepción alguna, hemos adulterado nuestra naturaleza ganadora con los afanes de este mundo. Afanes que crean un espejismo de placeres que a final de cuentas convierten al hombre en un ganador de riquezas terrenales, tal vez, pero destinado a fracasar pues vive enfrentado al binomio muerte-y-pecado que en su mortal naturaleza le es imposible vencer. Por eso es necesario renacer; no de acuerdo a la naturaleza de carne que a la muerte no puede vencer, sino de acuerdo a la sobrenaturaleza de espíritu.

En mis años de búsqueda espiritual solo he conocido a Uno que efectivamente venció tanto a la muerte como al pecado. Ese hallazgo me lleva a la conclusión que es solo a través de Él que el ser humano puede hacer lo mismo. Y así, libres de muerte y de pecado podremos vivir de acuerdo a lo que somos desde antes que existieran los cielos y la tierra; desde que fuimos concebidos en la mente del Dios omnisciente quien sopló en nosotros aliento de vida y que hoy, a pesar de nuestros delitos y transgresiones, nos ofrece la oportunidad de nacer de nuevo de acuerdo a nuestro diseño original de vencedores en Cristo Jesús, nuestro Señor y único Salvador.

Sensibilidades de vanguardia

Vivimos en la era de lo relativo donde nada es absoluto. Habitamos en espacios sociales donde no hay tolerancia para la intolerancia. Las reglas a seguir no son simples y llanas, son diversas, en ocasiones tergiversas, a veces vanas e insolentemente profanas. La única regla es que no existen reglas. Simplemente las personas son como son en su estado natural y no requieren de arreglo para mejorar su desempeño.

Suena un poco como la sociedad visualizada por Alduos Huxley en su novela "Un mundo feliz." Pero la verdad es que vivimos en un mundo donde la felicidad no es necesariamente un derecho inalienable, para muchos, de hecho, parece ser algo inalcanzable.

A pesar de las corrientes utópicas de origen liberal que parecen dominar el espacio social, en el ser humano reina un vacío imposible de llenar con ideas inconsecuentes disfrazadas de benevolentes. Pues, qué significa la "no-tolerancia a la intolerancia" o la premisa de que "todo es relativo y no hay nada absoluto en lo absoluto."

Tanto lo primero como lo segundo se contradice ya que ambas proposiciones se construyen sobre la base de lo que intentan refutar. La primera hace un llamado a no tolerar la intolerancia sin darse cuenta que al hacerlo fomenta la intolerancia en toda su plenitud. Por otro lado, la segunda proposición es netamente incoherente ya que si "todo es relativo y nada es absoluto" entonces la premisa en sí no es absoluta y su postulado es ilógico y absolutamente absurdo.

Mientras estas ideas discordantes permean en el cuerpo societario, en el ser humano existe un anhelo inefable de construir su vida sobre conceptos que concuerden con explicaciones inteligentes sobre el origen de las gentes, el significado de significar, y la razón de ser del hombre desde su concepción en el vientre hasta su muerte . . . y lo que sucede subsiguientemente.

Existen teorías que dicen que la vida surgió de repente cuando un rayo de luz descendió de los cielos e impactó una sopa cósmica hace miles de millones de años. En la tradición Cristiana se cree en el poder creador de las palabras: "Dios dijo y fue hecho; Él mandó y existió." En cambio la escuela darwiniana establece que la vida surgió básicamente de la nada.

La cosmovisión darwinista no contempla la posibilidad de un Creador como autor inteligente de la creación. El mundo y todo lo que en el se encuentra es fruto de una mera coincidencia, de la conjugación aleatoria de fuerzas exógenas desconocidas que través del tiempo dieron origen a la vida de forma evolutiva. Charles Darwin lo describe como "el proceso mediante el cual a partir de una especie se originan otras diferentes seleccionadas naturalmente."

Esta aseveración se basa en la observación sistemática de los seres vivos y cómo los mismos interactúan entre ellos y el entorno que los rodea. Dada la capacidad limitada que tenemos los seres humanos para observar, analizar y explicar la infinidad del universo y todo lo que ha sucedido en el mismo, la teoría de la evolución y sus postulados se sustentan sobre conjeturas (muchas de ellas inconclusas) y, en ocasiones, se derivan de especulaciones no-científicas que en efecto idiotizan a la raza humana.

No obstante el hecho de que la teoría de la evolución no es un hecho final y firme muchos la toman como tal y construyen sobre ella leyes de carácter institucional superficialmente benevolentes, pero subyacentemente carentes de principios que respeten la vida como un regalo preciado y derecho inalienable. Por el contrario, la visión de mundo darwinista le adjudica valor a la vida de acuerdo a la opinión de movimientos populares y poderes institucionales que abogan "por salvar la flora y matar a niños" aun siendo estos propiamente concebidos y con latidos que por medio del aborto son a diario extinguidos.

Si de la nada provenimos entonces la vida no vale nada y la brevedad de la misma se consume en un hedonismo puro y simple. La identidad humana es imagen y semejanza de un conjunto de adaptaciones circunstanciales y no de una conciencia moral y ética ejercitada o atrofiada dentro de un cuadro volitivo de libre albedrío.

Es difícil, sin embargo, dar por sentada esta teoría cuando vemos a un niño nacer, un amor renacer, un árbol reverdecer y un hombre fuerte envejecer. Todo esto, más bien, parece indicar que existe una "Causa sin causa" que va más allá del trinomio materia-espacio-tiempo que infundió en nosotros de la vida el aliento cual amor fecundo da a luz a un nuevo ser único entre miles de millones que, a su vez, son únicos también así como todos en nuestra diversidad conformamos la unidad del todo que llamamos cosmos y dentro del cual nos corresponde a cada uno descubrir nuestra razón de ser.

Los fines determinan los medios

A Nicolás Maquiavelo se le atribuye el famoso pensamiento "el fin justifica los medios." Si bien esa premisa ha trascendido los tiempos, la puesta en práctica de su postulado ha causado numerosos estragos. Recientemente vimos como Bernie Madoff utilizó medios deshonestos con fines de acumular sumas extravagantes de dinero. A pesar de que logró sus fines, Madoff no pudo, a final de cuentas, justificar lo injustificable y hoy está que se come un cable cumpliendo condena de ciento cincuenta años de cárcel por robo y fraude.

Es evidente que fines alcanzados por medios fraudulentos destruyen a quien inicialmente benefician. Siendo esta una verdad establecida por qué tantas personas persiguen poder, placer y riqueza utilizando dichos medios. ¿Será porque simplemente se les hace más fácil la tarea o quizás porque la sociedad en cierto grado legitima sus tácticas perversas?

Consideremos los anales de la historia. En el plano del placer, Porfirio Rubirosa conquistó a las féminas más codiciadas de su época con mentiras y vanas apariencias. En el plano del poder, Rafael Leónidas Trujillo fomentó su liderazgo sobre la base del terror y corruptelas político-clientelares y llamó a Rubirosa "un diplomático de primera" porque era atractivo ante las mujeres y sin par en la ejecución de la ciencia y arte de hablar mentiras verosímiles y ocultar verdades comprometedoras. En cuanto a éxito empresarial consideremos a Joseph Kennedy, padre del extinto Presidente estadounidense John F. Kennedy, quien acumuló una gran fortuna sobre la base de negocios ilegales, sobornos y manipulación de información privilegiada.

Todos y cada uno de estos sujetos (Rubirosa, Trujillo y Kennedy) sufrieron de las mismas tendencias inescrupulosas en cada uno de los renglones en cuestión (placer, poder, dinero). Aquí los hemos presentado en función del área donde más se destacaron. Es preciso mencionar que en cada caso el mal hábito se transmite generacionalmente pues Rubirosa aprendió a ser mujeriego de su padre, Pedro Rubirosa; Trujillo le pasó esa misma cualidad a su hijo Ramfis. Joseph Kennedy, por su parte, sirvió de ejemplo a su hijo John Kennedy en la práctica vituperable de codiciar mujeres ajenas y rechazar a la suya propia. En todas y cada una de las predichas instancias los codiciados fines (placer, poder, dinero) fueron alcanzados por medios deshonestos y reprensibles ante los ojos de la moral, la ética y la verdad inmarcesible.

Retomando la tesis maquiavélica "el fin justifica los medios" hagamos la pregunta: ¿pueden acaso los romances y dineros sustraídos de las ex-esposas justificar las mentiras y engaños del Señor Rubirosa? ¡De ninguna manera! Ni el espejismo de ley, orden y mejoría económica logrado por el trujillato justifica las violaciones a la integridad física, moral y espiritual perpetradas en detrimento de los hijos de Quisqueya. Así como tampoco la fortuna y poder político alcanzado por la familia Kennedy excusan las irregularidades empresariales y deslealtades conyugales practicadas con gran pericia y regularidad por el patriarca y su ilustre vástago.

A pesar de esto, sectores importantes de la sociedad a nivel nacional e internacional cuasi-endiosan a estas figuras por sus hazañas aun conociendo con meticulosa especificidad el carácter perverso de los medios utilizados para lograrlas. Las loas a personas como Trujillo, Kennedy y Rubirosa hablan volúmenes de la cosmovisión que predomina en el corazón del cuerpo social, político y económico del siglo XXI. También lo evidencia la cultura popular en las películas, canciones y publicaciones que con sus mensajes alimentan las vanas apetencias del 'hacer' y del 'tener' a expensas del 'ser o no ser.'

En estas líneas me atrevo a rechazar la tesis maquiavélica y proponer una más nomotética y normativa: *el fin determina los medios*. Si queremos viajar al espacio el medio apropiado para hacerlo es un transbordador espacial. Algunos, empero, consumen drogas alucinógenas para embarcar en viajes a espacios que sirven de escape a una realidad que, en esencia, es inescapable. Análogamente, como ya hemos ilustrado, otros toman la ruta fácil a las riquezas tratando de escapar la realidad que para ser verdaderamente rico se requiere gran esfuerzo y sacrificio. Y no me refiero solo a riquezas materiales, sino también a las familiares y a las espirituales. Y no me refiero solo a sacrificios para hacer dinero, sino también a aquellos sacrificios que se hacen al rechazar oportunidades pecuniarias, políticas y carnales-sensuales que amenazan con mancillar nuestra integridad moral y la de nuestras familias.

Por lo tanto aquello que queremos lograr debe determinar cómo hemos de lograrlo. El que hace lo malo para obtener lo bueno puede que lo obtenga, pero con ello vienen penas, tristezas y sendas vergüenzas. El que hace lo correcto correctamente, no empleando vicios en busca de virtudes, sino arando la buena tierra y sembrando la buena semilla en busca del buen fruto, recibe bendiciones sobreabundantes que no añaden tristezas con ellas. Rechacemos, pues, todo medio que adultere, contamine y distorsione nuestro fin de ser verdaderamente ricos y felices. Ya que, como dijo una vez Facundo Cabral, "es pobre el que no vive y no vive el que está distraído de Dios, su Padre, que es rico."

Panóptico Quisqueyano

La famosa máxima del jurista y filósofo británico Jeremy Bentham establece que "mientras más somos observados mejor nos comportamos." A partir de esta idea nace el concepto de panopticismo ciudadano: escuela de pensamiento que aboga por un monitoreo constante por parte de la población hacia sí misma y hacia los que presiden las instituciones que la gobiernan.

Etimológicamente, la palabra panóptico es un neologismo que proviene del griego "pan" (todo) y "opsis" (vista). En el mundo material, el panóptico es una estructura arquitectónica que permite al observador ver todo el interior de la misma desde un solo punto. La capacidad panóptica del observador sirve como elemento disuasivo al mal comportamiento del "todo" que opera en el interior de la estructura.

Si bien es cierto que nuestra estructura democrática no goza de esa posibilidad panóptica podemos decir que sí tenemos la capacidad de ver muchas cosas, pero por una razón u otra sectores de la sociedad dominicana tienden a hacerse los chivos locos.

Lamentablemente, en nuestro país la vista de muchos parece estar falta de ejercicios y buenos hábitos alimenticios pues, a decir verdad y sin ánimos de ofender, a leguas se le nota obesa. Antes se hacía la gorda, pero de tanto hacerse ha llegado, en efecto, a serlo con sobrepeso comprobado y diagnosticado por médicos foráneos con la enfermedad que se denomina neologisticamente en estas líneas como *fatso-opticismo* o vista gorda.

Dicha enfermedad, con su mirada imperceptible, permite el mal comportamiento a diestra y a siniestra; a tiempo y fuera de tiempo. Es, de hecho, la vista gorda que deja que la gorda vista de Dolce&Gabana, Chanel y Prada. Sin preocupación de que le pasen factura, esa gorda vestida de las mejores marcas gasta y despilfarra lo que le venga en gana.

¿Y quién es esa medalaganaria gorda que tenemos a la vista en famosos clubes y portadas de revista? Ella es nada más y nada menos que la corruptela política; la hija ilegítima del poder. Ella es el vicio, el despotismo y el aberrante clientelismo. Ella es el intelectualismo sin esencia, el concubinato en todos los estratos, la infidelidad y las vanas apariencias. Esa es ella con nombre y apellido: la medalaganaria gorda nacida con el solo propósito de robar, comer, familias romper y al pueblo empobrecer.

Parte significativa del liderazgo político, empresarial, familiar y eclesiástico de la República Dominicana permite que la gorda vista y se comporte de tal forma porque son líderes con vista de ojos, pero sin visión; líderes con eco, carentes de voz; interesados, no comprometidos; que se mueven por instintos y reniegan los principios.

De manera que el panopticismo que hoy demanda el país en aras de un saludable porvenir es un panopticismo del alma en primer orden; un análisis endógeno de carácter introspectivo que lleve al genuino arrepentimiento de cuantos han apostatado a los principios de Dios, de la Patria y de la Libertad en pro de lo unipersonal y sectorial.

Buongiorno Don Soborno

Jurisprudencia carente de prudencia, desigual, nefasta y sin esencia la que utiliza el togado para dictar sentencias en función de tráfico de influencia; en función de un sucio soborno... ¡qué bochorno!

Con frecuencia se ejecutan las susodichas debajo de nuestras propias narices mientras el problema se expande en cadena y echa sus raíces en la presente y subsiguiente generación de juristas, empresarios, letrados y un sin número de ciudadanos que viven subyugados a un sistema que da pena y mucha vergüenza.

El derecho en nuestro país anda torcido; tiene escoliosis lumbar aguda y aquí le lanzo una dosis de verdad a ver si de algo ayuda.

Invertebrada es la justicia en Dominicana que procede como le da la gana; que no tiene columna; que vive de calumnias e ignora las injurias. De nada vale apelar la sentencia infundada cuando la misma ha sido adulterada por uno que quita y pone jueces.

De nada vale casar una sentencia divorciada de la verdad; una sentencia herodiana que por la plata sirve la cabeza del bautista en bandeja de plata... por una simple danza;

sentencia concubina del que tiró la justicia al horno, del afamado Don Soborno.

Sepa el que ha tenido u ose tener la audacia de tirar la justicia al horno que será echado, más temprano que tarde, en el horno de la justicia.

Ay del hombre que se cree superhombre y busca renombre a costas de la ley pues su pericia será hecha trizas por el ineludible peso de la justicia. Pues, como dice el refrán, "a dónde irá el buey que no are, sino al matadero."

Con esto no busco lanzar la primera piedra. Compongo, empero, estas humildes letras para hacer un llamado a la conciencia de todos los que nos hacemos llamar Quisqueyanos para que seamos valientes y "alcemos nuestro canto con viva emoción y del mundo a la faz ostentemos nuestro invicto glorioso pendón."

Don Soborno no tiene perdón pues su traición a la Patria no tiene parangón. Hoy lo echamos al horno y escribimos sobre su tumba su nombre verdadero:

Don Bochorno
Descanse en paz o, mejor dicho ¡déjenos en paz!
Arrivederci

¡Sentencias a la venta! ¡Qué indecencia! Condenémoslas a diestra y a siniestra sin importar su apariencia ya sean blancas, moradas o coloradas; ya sean ricas, pobres o subsidiadas. Las rechazamos todas de plano y así avanzamos juntos hacia un futuro preñado de verdades libres de edulcorantes y sabores artificiales.

De macho a hombre

El macho se mide de cabo a rabo; el hombre de la cabeza al cielo. El primero se fija en las vanas apariencias; el hombre, en cambio, se fija en la pureza de la esencia.

A sus treinta, cincuenta y setenta años el macho es todavía un muchacho. Se mueve por instintos, rechaza los principios y del pecado es fiel esclavo. Dice ser cabeza, pero lo que posee es una poderosa cola que con su bruta fuerza nubla la inteligencia.

Con instintos de muchacho el macho se hace de poder. Dice interesarse por el bienestar de los demás, pero su interés carece de compromiso. Busca ser visible; siempre el primero. Su objetivo es escalar sin importar atropellar a miles de decenas que no tienen ni para la cena.

Creyendo que su poder todo lo puede, se manda con su Mercedes Benz por el kilómetro nueve y por exceso de velocidad se encuentra con la autoridad incorruptible de un hombre, oficial de transporte.

Montado en moto-concho, este hombre somete al macho poderoso a los rigores de lugar no nada más por exceso de velocidad, sino también por exceso de alcohol y contratación de servicios sexuales.

El macho aplica sus instintos de poder e intenta a la autoridad escarnecer; subestima los principios de aquel hombre vestido de punta en blanco con su uniforme de ley y orden.

Inflexible, la autoridad en moto-concho le pone freno al poder montado en Mercedes Benz. El hombre le dice al macho que no es por instintos de poder, sino por sus principios que el ser humano llega a ser respetado y por generaciones laureado.

A diferencia del macho, el hombre sabe que en la vida el mayor es el menor; el que sirve; el que sube bajando, el que vive muriendo, y siendo el último viene a ocupar los primeros puestos.

Apuntemos por si las moscas

Tener a que apuntar genera resultados. La mosca del orinal así lo ha evidenciado. Su presencia tiene el potencial de reducir en un ochenta por ciento los derramamientos desacertados del líquido amarillento.

La mosca del orinal es fruto del análisis empírico de un economista empleado en el Aeropuerto Schipol de Ámsterdam, Holanda. Olores desagradables invadían sus fosas nasales al visitar los sanitarios en su lugar de trabajo. No propuso combatir los hedores con perfumes. Mas, como buen economista, buscó identificar, con meticulosa especificidad, la raíz del problema.

"Mala puntería es el problema", pensó en voz alta de buenas a primeras. Pero luego se preguntó cómo puede un hombre tener mala puntería si el objeto de disparar es meramente "desocuparse" sin necesidad de acertar en un blanco determinado. Con ese razonamiento dio en el clavo y diseñó un blanco negro de tamaño diminuto: una mosca inanimada plasmada junto al desagüe del orinal, esperando ser bañada desde lo alto con certeza y mucha frecuencia.

Y bañadas han sido cientos de moscas por miles de hombres que visitan a diario los sanitarios donde ellas han sido instaladas. Su propósito han cumplido al efectiva y significativamente reducir los malos olores en esos lugares públicos que todos frecuentamos.

Algo a que apuntar es fundamental, no nada más para el buen orinar, sino también para el buen vivir en sentido general. Sin un blanco a que apuntar, sin una meta específica que se quiera lograr es imposible ser eficiente, efectivo y certero en nuestro desempeño a medida que buscamos transformar nuestro gran sueño en palpable realidad. Sin la mosca del orinal, el hombre dispara desacertadamente el ochenta por ciento de las veces. Con la mosca, sus desaciertos se reducen a un mero veinte por ciento.

En otras palabras, nosotros los seres humanos, sin un blanco somos fuego. Quemamos energías, obviamos oportunidades y destruimos relaciones a nuestro paso cuando carecemos de objetivos definidos. Sin embargo, cuando tenemos una visión clara emparejada con metas específicas, dejamos de ser fuego y nos convertimos en un poderoso rayo láser enfocado en aquello que queremos lograr sin energías despilfarrar.

Amor de madre, amor inenarrable

La diagnosticaron con cáncer linfático meses antes de yo nacer. Enfermedad de Hodgkin, Estadio IV: mortal por necesidad. Expectativa de vida: tres meses, en el mejor de los casos.

Mi padre se negó rotundamente al diagnostico y declaró vida sobre la vida de mi madre. Pasaron los tres meses y Doña Nilsa continuó sonriente con su afabilidad de siempre, cuidando a su recién nacido, desplegando sus dotes de mujer virtuosa, luchadora, y emprendedora circunspecta de nobles gestas filantrópicas en naturaleza.

Treinta y cinco años era su edad cuando le dijeron lo de la enfermedad. Había contraído matrimonio a los veintidós y su vientre dio frutos: dos hembras y dos varones. Dios y su familia eran el centro de toda su atención, devoción y se daba por completo, genuinamente y sin reservas doquiera se requería su presencia.

Si bien Doña Nilsa lucía sonriente pasado el plazo de vida dictaminado por los doctores, la enfermedad continuaba latente en su sistema; silenciada por la actitud de una madre inflexiblemente resuelta a vivir, no para sí, sino para servir a los demás con todo lo bueno que un ser humano puede dar.

Quizás la ternura y vulnerabilidad de un recién nacido la obligó a sacar fuerzas de flaquezas para hacer de tripas corazones y enfrentar el desasosiego de una enfermedad terminal con un inquebrantable e inenarrable amor de madre.

Así superó en un 2,400% el pronóstico médico, viviendo, por la gracia de Dios, 72 meses por encima de los 3 meses de vida que le habían dado los galenos para "poner su casa en orden." Me vio cumplir mis seis años el Domingo 18 de agosto de 1991. Semanas después, el Jueves 12 de septiembre, me dijo adiós.

Privado de su presencia he estado por los últimos veintidós años, mas nunca me ha faltado su esencia. Así como el sol se refleja en la luna, la luz de mi madre se ha reflejado en numerosas lumbreras matriarcales que han orbitado mi mundo a lo largo de su ausencia.

De esas lumbreras, la lumbrera mayor es mi querida hermana Lissie quien desde los dieciséis años ha trabajado infatigablemente velando por el mejor interés de la familia, sacrificando varios de sus mejores años para darnos una mejor calidad de vida. También mi hermana Ruth, quien con gran delicadeza, cariño y admirable inteligencia cuidó de mi cuando era bebé. Mis tías Miriam, Luisa, Niurka, Mirquella todas y cada una esforzadas y desinteresadas. Doña Bélgica Andrickson de Rodríguez, mujer virtuosa y bienaventurada, una de mis bellas madres, quien trató a un vecino como si fuese su propio hijo. Mis maestras, Isabel Morla, Anny DeQuesada, Alice Brown-Collins, Celia Santos, Mariluz Torres y Olga Colón, mujeres consagradas al magisterio. Todas y cada una de ellas son lumbreras, estrellas en mi cielo. Más recientemente entró en mi orbita una hermosa lumbrera norteña, del Cibao, de donde era mi mamá. Esa nueva luminaria matriarcal es mi preciosa suegra, Doña Carolina Castro quien con gran esfuerzo y sabiduría ha encaminado a su familia por los senderos de la excelencia teniendo a Dios por guía. En su seno acogió a mi hermosa esposa Aisha quien un día por la gracia de Dios tendrá el honor de entrar en las filas de lumbreras matriarcales.

Así, pues, Doña Nilsa Puig Molina, madre mía, natural de Cabía del municipio de Imbert de la provincia de Puerto Plata, nunca has dejado de orbitar mi vida pues fuiste tú la que diste a luz a mi mundo con tu amor fecundo y sonrisa angelical.

Crónica de un dominicano en Tierra Santa

"Para German D'Oleo habrá un 30 de Mayo que no olvidará nunca más en su vida cuando sobrevivió a un ataque terrorista en el Aeropuerto Lod, en Tel Aviv, Israel. Tuvo mejor suerte que 25 compañeros muertos en el hecho, pero nada pudo hacer para que dos balas se alojaran en su muslo izquierdo. Fue el único dominicano que vivió la tragedia que ensombreció a tantas personas en todo el mundo. Viajaba a Israel para conocer los lugares santos . . . Su sueño dorado era conocer Tierra Santa. Y estuvo a punto de perder la vida para hacer realidad un sueño que sigue siendo sueño."

-Anibal de Castro, 20 de Junio de 1972

Pocas horas después de su llegada al país el 19 de Junio de 1972, el empresario German D'Oleo Encarnación le concedió una entrevista exclusiva a Anibal de Castro, director del periódico Última Hora.

En su relato, D'Oleo describe el incidente como una "tragedia que no tiene calificativo"; considera a los terroristas que perpetraron el hecho como "personas inhumanas, bestias."

Para el dominicano la travesía comenzó en San Juan de Puerto Rico. D'Oleo era miembro de la Iglesia Metodista en aquella isla y partió junto con un grupo de cristianos puertorriqueños en peregrinaje a Tierra Santa.

Después de haber hecho escala en Nueva York y Paris, el grupo se dirigió en un avión de la línea aérea Air France hacia una tercera y última escala en la ciudad de Roma. Fue allí donde los perpetradores de la masacre subieron a bordo de la aeronave con armas semiautomáticas y granadas de mano escondidas en estuches de violín.

Fueron tres los terroristas que abordaron aquel avión para cometer la masacre en Tel Aviv; todos de origen japonés, reclutados por el Ejercito Rojo, entrenados en Beirut y asignados a llevar acabo el ataque terrorista ideado por el Frente Popular para la Liberación de Palestina.

Dos de los terroristas murieron en el acto. El tercero, de nombre Kozo Okamoto, fue arrestado y condenado a cadena perpetua en Israel. Sin embargo, este fue puesto en libertad trece años después, en 1985, como parte de un intercambio de prisioneros con facciones militantes de Palestina.

En un artículo titulado "Perfil de un terrorista: una entrevista a Kozo Okamoto" la socióloga Patricia G. Steinhoff describe la cultura y formación ideológica del victimario. Como miembro del Ejercito Rojo, Okamoto es fiel creyente de la teoría de León Trotsky que aboga por una revolución a escala mundial en la cual el proletariado debe desplazar a la poderosa clase burguesa a través de sangrientos actos terroristas en territorio enemigo.

En su entrevista con Steinhoff, Okamoto dijo que la maquinaria ideológica del Ejercito Rojo y el FPLP "no es una maquinaria tradicional de guerra entre países, sino una guerra revolucionaria en la cual gente ordinaria perteneciente a la clase burguesa es masacrada metódica e indiscriminadamente."

Steinhoff puntualiza cómo la tradición Budista-Japonesa estima la vida y muerte de un individuo como meras estaciones dentro de un marco existencial de mayor trascendencia. De modo que la vida de un individuo no tiene significado en sí misma, sino dentro de un contexto social predeterminado.

Esa visión de mundo fue la que llevó a miles de soldados japoneses a optar por el suicidio antes de rendirse ante tropas estadounidenses en la Segunda Guerra Mundial. También es esa maquinaria ideológica la que facilita, hasta el día de hoy, el reclutamiento de individuos para cometer actos terroristas suicidas-homicidas como la Masacre del Aeropuerto Lod.

Una vez puesto en libertad a mediados de los años ochenta, Okamoto se trasladó a Libia, después a Siria y, finalmente, hizo residencia en la República Libanesa donde fue reunificado con sus correligionarios terroristas del Ejercito Rojo.

German D'Oleo, por su parte, quedó con dos balas explosivas alojadas en su muslo izquierdo. Uno de los impactos de bala destruyó su nervio ciático casi en su totalidad. El pronóstico médico para el dominicano era silla de ruedas de por vida. Al ser presentado con el diagnostico, D'Oleo se negó rotundamente a aceptarlo diciendo que Dios lo iba a reincorporar. Los médicos, estupefactos, tragaron saliva y siguieron su rutina.

Contrario al pronóstico médico, dos años después del incidente, D'Oleo se reincorporó totalmente. Acto seguido realizó un segundo viaje a Israel para hacer realidad un sueño que se convirtió en parte intrínseca de su historia. Visitó los lugares Santos; esos lugares que, como estudioso de la Biblia, guardaban gran significado para él y que al recorrerlos reivindicó aquella libertad afianzada en la verdad que ningún acto terrorista puede adulterar.

Regresar a Israel desde República Dominicana después de haber sido baleado por terroristas en su primera visita, constituye una acción gallarda y loable por parte de German D'Oleo. Al pisar Tierra Santa por segunda vez en 1974, D'Oleo desafió, simbólica y efectivamente, la visión y misión terrorista de Kozo Okamoto, El Ejercito Rojo, el FPLP, la Cortina de Hierro, y el Comunismo que amenazaba, en ese entonces, con dominar el mundo.

Un ciudadano común de un país democrático, libre y soberano se impuso ante la ideología marxista-trotskyana que buscaba "terrorizar a miembros de la burguesía a través de sangrientos actos terroristas en territorio enemigo." Su retorno a Israel desde tan lejos es prueba fehaciente de que no se dejó intimidar por aquellos cobardes suicidas-homicidas.

El dominicano hizo realidad su sueño y al hacerlo hizo suya aquella famosa estrofa del poeta argentino Almafuerte:

"No te sientas vencido, ni aun vencido
No te sientas esclavo ni aun esclavo
Trémulo de pavor, piénsate bravo
Y arremete feroz, ya malherido"

Quien escribe es uno de ocho vástagos de aquel dominicano. A lo largo de sus 65 años de vida, mi padre, hijo de Quisqueya nacido en el municipio de El Cercado en San Juan de la Maguana, huérfano de padre y madre, autodidacta y trabajador infatigable, se desempeñó como exitoso ejecutivo de ventas en Puerto Rico y después en su país natal como inversionista de bienes raíces y coleccionista de arte.

Sobretodo, German D'Oleo era un fiel y efectivo predicador de la Palabra de Dios sirviendo de canal de bendición al prójimo a través de sus numerosas gestas filantrópicas realizadas siempre con un muy alto grado de discreción y genuino desinterés.

Quinta Parte - Entrevistas al Autor

PORTADA

REVISTA EN SOCIEDAD

Febrero de 2013
Santo Domingo, RD

Con una imagen impecable y una sonrisa a flor de labios, Jonathan D'Oleo irrumpe con seguridad y firmeza en cualquier ambiente. De hablar pausado e ideas firmes, transmite con sentimiento y fuerza sus principios y creencias. No se autodenomina coach, pero lo que hace es exactamente eso: guiar a personas a obtener lo mejor de sí mismos. Respira felicidad y la transmite, y eso le aventaja un proceso que a muchos les cuesta definir. Evidente creyente, domina a la perfección la seguridad de lo que proclama y trata de compartir esa herramienta con los que lo escuchan. Conozca sus principios esenciales y el trabajo que con gran pasión realiza en varias partes del mundo. ~ Maribel Lazala, Editora, Revista En Sociedad

ES: Cuéntame lo que haces ...

JD: Pongo mi dedo en el pulso de las necesidades, aspiraciones y capacidades de la gente. Identifico ventajas competitivas de carácter aptitudinal y empresarial con el fin de definir las actividades productivas que generan desempeño óptimo de carácter sostenible a través del tiempo. Diseño herramientas conceptuales a la luz de investigaciones científicas, principios económicos y una gran diversidad de experiencias. Finalmente, comparto mis herramientas de desarrollo multidimensional a través de libros, seminarios y talleres a nivel global.

ES: ¿Cómo definirías la función de un "coach"?

JD: La función de un capacitador es, primeramente, inspirar a la gente con un testimonio de vida integral a nivel familiar, espiritual y empresarial. Y, sobre esa base, empoderar a empresas e individuos con principios y herramientas que los ayuden a materializar la plenitud de sus potencialidades.

ES: ¿Es lo que haces, tu misión de vida?

JD: Lo que soy es mi misión; lo que hago es una TRANSmisión de lo que soy, de donde vengo y hacia donde voy. Ahora ¿qué soy? Soy imagen y semejanza de Dios. Soy compromiso con la perfección y la excelencia. Soy, en un mismo respiro, líder y servidor.

ES: ¿Qué significado esencial tiene lo que predicas?

JD: Predico y vivo la excelencia. Siendo la excelencia la verdadera esencia de todo ser humano y el balance lo que nos permite tener una presencia importante y sostenible en los espacios públicos y privados, lo que inculco es de carácter fundamental para el desarrollo pleno a nivel personal, familiar y profesional.

ES: ¿Cuándo y cómo descubriste tu vocación?

JD: Mientras estudiaba Economía y Ciencias Políticas en la ciudad de Boston un comité de la universidad me escogió para interpretar el famoso discurso de Martin Luther King Junior titulado "Yo tengo un sueño."A medida que me aprendía el discurso y estudiaba a profundidad la signicación histórica, psicológica y sociológica del mismo pude visualizar de manera cuasi palpable la necesidad de un pueblo oprimido y su deseo de ser verdaderamente libre para perseguir la plena e imperecedera felicidad. El día del discurso le dí rienda suelta a esa visualización y hablé de corazón a corazón con la audiencia. La respuesta del público recogió la esencia de la efervescencia de las 200,000 personas que se dieron cita en Washinton, D.C. en aquel agosto de 1963 para escuchar a Martin Luther King Junior. Fue entonces que descubrí mi vocación: conjugar mi habilidad de comunicar con mis conocimientos y deseo de servir para empoderar a la gente con verdades y principios que trasforman, libertan y potencian la vida a la cima de sus posibilidades.

ES: ¿Qué ha arrojado tu contacto con la gente? ¿Cuáles han sido los resultados de esos encuentros?

JD: Mi contacto con la gente me ha esculpido con cincel y martillo descartando lo gregario y sacando a la luz lo necesario para articular mi voz interior; voz que llama a lo imposible posible y hace visible lo invisible. Si bien soy un apasionado de las relaciones humanas, no dependo de la aprobación humana. Dependo de la verdad, dulce o amarga, que enriquece el alma. Como resultado he sido expulsado osmóticamente de los círculos donde la verdad es meramente tolerada y aceptado con bombos y platillos en aquellos sitios donde la verdad es abrazada y celebrada en toda su plenitud.

ES: Se necesita vocación, convicción y verdadera necesidad de comunicar, y sobre todo, ser un excelente comunicador, que llegue a la gente y que convenza. ¿Crees que asi debe ser?

JD: Desde luego que sí. La carrera de la capacitación requiere de una gran disciplina y compromiso con el mejor interés del cliente que es materializar la plenitud de sus potencialidades. Para poder ser verdaderamente instrumentales en esta empresa, el mentor debe tener una capacidad excepcional de cristalizar y comunicar de manera impactante los principios que empoderan a la gente a crecer en y a través de la multidimensionalidad de sus realidades circunstanciales. Ahora más que llegarle a la gente, el asesor empresarial tiene que comprometer al cliente a abrazar el aprendizaje como un estilo de vida al tiempo que buscan desarrollarse paulatinamente a través de procesos y no de meros eventos.

ES:¿Cómo se logra la credibilidad?

JD: La verdadera credibilidad se construye sobre la base del método científico de carácter cuantitativo y cualitativo. Primero la gente observa mi persona y mi trabajo. Después se hacen un sin número de cuestionamientos sobre el contenido de mis libros y seminarios. Sobre esa base se plantean hipótesis sobre la instrumentalidad de mis enseñanzas (si aplico 'x' principios obtendré 'z' resultados positivos). Llevan los principios a la práctica. A la luz de los resultados corroboran o desestiman la hipótesis. Si la hipótesis es corroborada entonces se crea credibilidad. Si la hipótesis es corroborada repetidas veces en varias aplicaciones sistemáticas entonces la credibilidad se galvaniza y se establece como punto de referencia para el desarrollo de otras ideas.

ES:¿Cuál es tu mayor aspiración?

JD: La perfección. Sé, más allá de toda sombra de duda, que la perfección y la excelencia están entretejidas en nuestro ADN. Pero "el ser humano es imperfecto" dirán muchos. A lo que yo respondo "sí, pero no." Sí, en el sentido de que hacemos cosas imperfectas. No, en el sentido de que no necesariamente somos lo que hacemos pues somos, intrínsecamente, lo que somos y no lo que hacemos extrínsecamente. Fuimos desde un principio perfectos. Si así no hubiese sido entonces no hubiésemos podido optar por la imperfección pues lo imperfecto nace de lo perfecto así como la mentira es hija ilegítima de la verdad. De manera que si decidimos ser perfectos, por gracia y por obras, podemos llegar a serlo, sino en este mundo en el plano eterno.

ES: En tu visión global, ¿Cuál dirías que es el gran mal de la humanidad?

JD: El gran mal de la humanidad es desconocer lo que desconoce. Desconociendo lo que se desconoce el ser humano no puede conocerse a sí mismo y por ende no puede servir de acuerdo a la plenitud de sus habilidades y posibilidades. Sócrates dijo en una ocasión "conócete a ti mismo." En otra ocasión dijo "yo solo sé que no sé nada" pues llegó a conocer lo que desconocía y fue ahí que empezó a entender precisamente el significado de significar, de ser y de estar.

ES: Con el nombre que sea (coach, coach de vida, conferencista,..) influyes en personas, en grupos de personas…¿Cómo te sientes al respecto? ¿Qué implica eso en tu vida?

JD: Me siento entre la espada de la humildad y la pared de la responsabilidad. La espada de la humildad mata todo delirio de grandeza y vanagloria. Entretanto la pared de la responsabilidad demarca un radio de acción que me permite focalizar mi tiempo, espacio e intelecto en identificar soluciones para los problemas más relevantes que embargan la vida familiar y corporativa de mis clientes. Interesantemente, la superficie de dicha pared tiene peldaños que me llevan a un amplio techo donde respiro el aire que impregna aliento de vida en mi pecho; aire que me dota de las fuerzas y la consistencia requerida para "emplear toda diligencia en añadir a la fe virtud; a la virtud, conocimiento; al conocimiento, dominio propio; al dominio propio, paciencia; a la paciencia, piedad; a la piedad, fraternidad; y a la fraternidad, amor." Esto, claro está, implica entrega, sacrificio y un ferviente deseo de vivir intensamente sin temor a la muerte.

ES: El mundo actual, a pesar de sus inmensos avances, necesita orientación. ¿Te consideras un elegido en el área en la que te dedicas para servir de guía y lograr cambiar las actitudes de la gente?

JD: Considero que he descubierto mi área de desempeño óptimo. En lo que tiene que ver con "cambiar actitudes", voy mucho más allá pues el cambio, en sí mismo, es reversible. Me explico. La oruga cambia de verde a marrón y de marrón a verde para camuflajearse en su entorno. Mas cuando la oruga pasa por una transformación y se convierte en mariposa ya no hay vuelta atrás. De manera que no busco meramente "cambiar las actitudes" de la gente, sino transformar su modo de pensar de lo bueno a lo excelente, de lo simplemente activo a lo productivo, del ocio al descanso introspectivo, de lo urgente a lo importante, del interés al compromiso. Por esta razón digo que mis conferencias, libros y audio-libros no son solamente motivacionales, sino, más bien, transformacionales.

ES: ¿Cómo te nutres?

JD: Me nutro de varias cosas que son una misma: la unción y sabiduría que viene de Dios; la sustancia y relevancia de mis libros en prosas y en versos sencillos y complejos. Me nutro de las etéreas notas que con su violín interpreta mi bella esposa. Me alimento del sol de la mañana y del rocío de la madrugada. En esos espacios y vertientes no solo me nutro, sino que también me desnutro de lo impuro y pondero sin apuros lo bello de la vida; aquello que me permite dar vida a una masa desnutrida, enfoque a un potencial sin luz direccional, y propósito a un rico depósito de talentos sin cultivar.

ES: ¿Alguna vez soñaste con hacer lo que haces?

JD: Creo que sí. Alguna vez por unos breves instantes, pero me desperté más temprano que tarde a hacer realidad mi sueño.

ES: ¿Qué ha representado para ti impartir conferencias?

JD: La oportunidad de hacer lo que amo y ser retado e

inspirado por las exigencias, aspiraciones y necesidades de mi audiencia que busca la excelencia.

ES: ¿Cómo te vislumbras en los próximos 10 años?

JD: Me vislumbro con una marca de capacitación personal y empresarial de clase mundial; cinco libros publicados; un amor matrimonial preñado de luz aun después de haber dado a luz a dos preciosos vástagos frutos de mi unión eterna con mi amada Aisha. Me vislumbro más lleno de Dios y caminando en pos de mi propósito de ser canal de bendición a las naciones comenzando por ¡Quisqueya! la más bella.

****

Intimidades
Pregunta cortas para respuestas cortas

ES: ¿Tu palabra clave?
JD: La que empieza con "fe" y termina con "dad": FELICIDAD.

ES: ¿Tu mayor virtud?
JD: Mi Actitud.

ES: ¿Tu peor defecto?
JD: Buscarle al texto el subtexto.

ES: ¿Tu mejor consejo?
JD: Cuando ganes mira por ventana; cuando pierdas mira por espejo.

ES: ¿Tu gran descubrimiento?
JD: Que se vive muriendo.

ES: ¿Tu mayor desafío?
JD: Dar por gracia lo que por gracia he recibido.

ES: ¿Tu gran pasión?
JD: La dueña de mi corazón, mi tesoro: Aisha Syed D'Oleo.

ES: ¿Tu meta fina?
JD: Llegar a la Patria Celestial y encontrarme con Dios y con los míos allá en la eternidad.

ES: ¿Lo que más necesita el mundo?
JD: Cristo.

ES: ¿Trascender o vivir?
JD: Transvivir. Es decir, vivir en el presente sin temor a la muerte.

ES: ¿Un personaje que admiras?
JD: Mi padre

ES: ¿Un lugar pendiente por visitar?
JD: Israel

ES: ¿Algo que te quita el sueño?
JD: Nada, pues mi sueño realidad se ha hecho.

ES: ¿Un buen recuerdo?
JD: Mi madre

ES: ¿Un libro de mesita de noche?
JD: La Biblia, manual de vida.

ES: ¿Un sueño por realizar?
JD: Ser padre, abuelo y bisabuelo.

ES: ¿Tu mayor extravagancia?
JD: Tomar batidas de proteína con pasta de ajo y mantequilla de maní.

SECCIÓN DE NEGOCIOS
REVISTA EMPRENDEDORES

Julio de 2013
Santo Domingo, RD

RE: ¿Cuál es tu historia? ¿Cómo llegas a crear tu propio proyecto de trabajo?

JD: En el año 2008, recién graduado de Economía, Negocios y Ciencias Políticas, se me presentó la oportunidad de manejar una franquicia en la industria de servicios financieros en la ciudad de Miami. Fue así que a mis 23 años comencé a crear una cartera de clientes en pleno apogeo de lo que hoy se conoce como La Crisis Financiera Global. Fue en medio de esa crisis que logré forjarme como empresario sobre la base del servicio, la educación y una visión de futuro conformada por el análisis lógico al margen de lo especulativo. Como estudioso de la economía sabía que la recesión iba a estar seguida por una recuperación así como la noche esta seguida por el día. Me tocó tirar la zapata de mi negocio durante la noche y las estrellas en mi cielo fueron aquellos primeros clientes que me dieron un voto de confianza dándome custodia de sus fondos de retiro. Me gané ese voto de confianza a través de talleres y seminarios de capacitación financiera que impartía mensualmente en mis oficinas. A partir de esa experiencia como financista, asesor y capacitador nace D'Oleo Analytica, Inc., firma de asesoría empresarial enfocada en optimizar el desempeño personal y corporativo a través de libros y conferencias de capacitación multidimensional.

RE: ¿Cómo se desarrolla el instinto para detectar oportunidades de negocio?

JD: El instinto en los negocios se desarrolla a través del conocimiento y la fidedigna implementación de una serie de principios de éxito tales como: identificar lo que nos apasiona, descartar lo meramente competente y enfocarnos en aquello que se corresponde con nuestra área de desempeño sobresaliente, estar a la delantera en el hábil manejo de las informaciones que atañen a nuestra industria, hallar la forma de rentabilizar los proyectos que emprendemos de manera responsable y sostenible a largo plazo.

RE: ¿Cuál es tu técnica? ¿Cuál ha sido la mayor lección que has aprendido sobre asuntos financieros?

JD: Más allá de técnicas, mi modus operandi en los negocios consiste de estrategias responsables con un enfoque a largo plazo. Las mismas se elaboran en función del conocimiento, la articulación específica de objetivos individuales y corporativos, el trabajo en equipo y un ferviente deseo de generar en mí y en los demás la satisfacción del deber cumplido.

Sobre asuntos financieros y de inversión de capitales específicamente, la mayor lección que he aprendido es que los que sobresalen son los contrariados: los que compran cuando la mayoría vende y los que venden cuando la mayoría compra; los que no basan sus decisiones en la simple especulación sino en el análisis riguroso de oportunidades de negocios.

RE: ¿Cómo generas ideas para tu negocio?

JD: Escuchando a mi virtuosa esposa tocar el violín. Preguntándome honestamente qué es lo que puedo ofrecer que potencialmente se puede posicionar entre los diez primeros puestos en el mercado. Igualmente observo cuáles son las necesidades más urgentes e importantes que se relacionan con mi industria. Así pongo mi dedo en el pulso de la economía y fecundo mi base de datos con información relevante a la visión empresarial de mi corporación. Esta dinámica, finalmente, da a luz a ideas y proyectos de carácter trascendente.

RE: A veces es necesario endeudarse para dar un salto adelante. ¿Cómo distingues la deuda necesaria?

JD: Primeramente no debemos equivaler la posibilidad de endeudarnos con nuestra capacidad y necesidad de endeudamiento. Las posibilidades inorgánicas de endeudamiento fueron las que dieron origen a la Crisis Financiera Global. El acceso limitado a capital para que empresarios den "el salto" ha sido, en parte, lo que ha retardado la recuperación después del clímax de la crisis. Dicho esto, la deuda necesaria y responsable para "dar un salto adelante" es aquella que se obtiene en función de una capacidad real de pago y cuyos dineros se inviertan en actividades rentables que generen un retorno mayor al costo de la deuda dentro de un marco de tiempo que le permita al deudor cumplir con el itinerario de pagos que establece la institución financiera que le hace el préstamo.

RE: ¿Qué decisión suele ser mejor, la inmediata y visceral, o la conclusión después de darle vueltas durante varios días?

JD: Depende del asunto a decidirse. Algunas veces como economista he sido víctima de la parálisis del análisis entre el costo y el beneficio, el costo de oportunidad, la rentabilidad, la oferta y la demanda, la micro y la macro. Como emprendedor me he dado cuenta que aun si decidimos no decidir aun tenemos que decidir no decidir. Entonces más vale la pena decidir no sea que otros decidan por nosotros. En fin, sobre la toma de decisiones tengo el siguiente consejo que ofrecer: a la hora de decidir miremos primero hacia arriba y en el centro hacia adentro, no a los lados para ver que opina fulano o mengano.

RE:¿Cuál es tu posición profesional? ¿Qué responsabilidad asumes en tu trabajo?

JD: Soy Presidente de D'Oleo Analytica, Inc. Como tal estoy a cargo de velar por el mejor interés de mis clientes, socios y empleados. En esta etapa, nuestra compañía está penetrando los mercados en Latinoamérica y Estados Unidos. Como parte de ese proceso estamos moviendo nuestra sede de Londres a Miami. Trabajamos mano a mano con el departamento de recursos humanos en las compañías donde ofrecemos nuestros entrenamientos. En vez de dictaminar y meramente exhortar, nuestra misión es consultar al liderazgo gerencial y enseñarles a usar herramientas para la optimización de desempeño así como la generación y puesta en ejecución de ideas emprendedoras. También brindamos asesoría en lo que tiene que ver con proyectos de investigación y desarrollo, fusiones y adquisiciones, análisis de rentabilidad y estudios de factibilidad.

RE: ¿Cuál ha sido tu trayectoria? ¿Cómo resumes tu experiencia en el campo financiero?

JD: Mi trayectoria ha sido orgánica; por etapas. He gateado, caminado, corrido, volado y aterrizado para después emprender nuevos vuelos en cielos despejados y turbulentos. De vender mangos y jugos naturales en la esquina de mi cul-de-sac a una tierna edad hasta tener mi propia oficina de asesoría y corretaje en Estados Unidos, mi espíritu emprendedor se ha caracterizado por una gran fe en Dios, pasión por servir e innombrables sacrificios. La letra de Julio Iglesias resume mi trayectoria en el campo financiero y de la vida en general cuando dice "llegar a la meta cuesta te cuesta tanto llegar y cuando ya estás en ella mantenerte cuesta más."

RE: ¿Cómo se concibe una estrategia de inversión? ¿Qué factores hay que tener en cuenta?

JD: El elemento central de toda estrategia de inversión es la persona o el grupo de personas que la ejecutan. La estructura de un portafolio de inversiones debe estar diseñado en función de tolerancia al riesgo, horizonte de tiempo y recursos disponibles para invertir. Todo buen portafolio tendrá uno de los siguientes objetivos como enfoque primordial: acumulación de capital, preservación de capital o transferencia de capital. A la hora de invertir el inversionista debe tener la opción de diversificarse a través de tipos de instrumentos financieros, sectores y geografías. La opción de diversificarse y establecer un objetivo de inversión le permite al individuo reducir el riesgo total asumido al tiempo que le permite ajustar su portafolio de acuerdo a su perfil. Generalmente la relación entre horizonte de tiempo y tolerancia al riesgo es positiva: mientras más amplio el horizonte mayor la tolerancia. Análogamente mientras más estrecho el horizonte menor será la voluntad del inversionista de asumir riesgos en su portafolio financiero. Entre 35 a 20 años de su fecha de retiro, por ejemplo, el inversionista buscará primordialmente la acumulación de capital en su portafolio. A quince años de su retiro ya irá moviéndose paulatinamente hacia un objetivo central de preservación de capital.

RE: Dentro de tu sector, ¿a quién admiras? ¿Por qué?

JD: Dave Ramsey: escritor best-seller de libros sobre éxito y manejo de finanzas en Estados Unidos. Lo admiro por su tenacidad, pragmatismo e integridad moral.

RE: ¿Cómo visualizas tu futuro en el largo plazo? ¿Hacia dónde va tu carrera?

JD: Visualizo a D'Oleo Analytica, Inc. como una firma de asesoría y capacitación de clase y renombre mundial enfocada siempre en el desarrollo multidimensional de carácter sistemático con calor humano. Mi carrera va hacia la cima de mis potencialidades donde seguramente encontraré nuevas montañas.

*****